门头战略

低成本引爆餐饮旺铺

余奕宏 ◎ 著

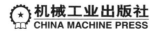

全书站在用户视角来审视餐饮门店的门头和招牌，从道、法、术、器、势层面来重新定义门头、研究门头、运用门头，从而助力餐饮企业引爆旺铺、区域称王。如何打造吸金门头？如何做好品牌的差异化定位？作者曾对数千个门头案例和 500 多个品牌的门头战略调整方案进行过研究，在此基础上形成了本书所提供的方法。这些方法不仅能够帮助门店高效落地、快速提升门店业绩，而且有利于企业在经营过程中逐步确立自己的品牌方法论。本书可作为餐饮企业管理者的快速进阶学习手册，本书的同名课程吸引了西贝莜面村、眉州东坡等多家餐饮头部企业的高管参与学习，内容广受好评。

图书在版编目（CIP）数据

门头战略：低成本引爆餐饮旺铺/余奕宏著. —北京：机械工业出版社，2019.6（2025.1 重印）

ISBN 978-7-111-63151-4

Ⅰ. ①门⋯　Ⅱ. ①余⋯　Ⅲ. ①饮食业－商业经营　Ⅳ. ①F719.3

中国版本图书馆 CIP 数据核字（2019）第 131313 号

机械工业出版社（北京市百万庄大街 22 号　邮政编码 100037）
策划编辑：曹雅君　　责任编辑：黄顺军
责任校对：李　伟　　封面设计：可圈可点
责任印制：孙　炜
北京联兴盛业印刷股份有限公司印刷
2025 年 1 月第 1 版第 7 次印刷
145mm×210mm・10 印张・3 插页・160 千字
标准书号：ISBN 978-7-111-63151-4
定价：68.00 元

电话服务　　　　　　　网络服务
客服电话：010-88361066　机　工　官　网：www.cmpbook.com
　　　　　010-88379833　机　工　官　博：weibo.com/cmp1952
　　　　　010-68326294　金　书　网：www.golden-book.com
封底无防伪标均为盗版　机工教育服务网：www.cmpedu.com

本书及相关课程所获赞誉

中国已经进入品牌时代,大到一个国家、一个城市,小到一家企业、一个人。

好的品牌不会取悦所有人,总能让特定的消费者迅速找到并喜欢它。

余奕宏老师的门头战略是一套完整的战略体系,简单实用,能让企业在激烈的竞争环境中快速抢占消费者心智,从而达到预期目标。

中国烹饪协会副会长
郑州市餐饮与饭店行业协会会长
阿五黄河大鲤鱼创始人　樊胜武

与余老师在一个偶然的机会下相识,在随后的一段时间很快就成了好朋友,是因为被余老师的睿智、看待问题独到的见解和解读问题的全面深刻所深深吸引。余老师并非餐饮人,但是他以一种站在更高和充满时代感的视角看待餐饮业发展,思想之敏锐,角度之独特,语言之精炼,对问题剖析之全面透彻,令人获益。余老师通过多个生动、形象、有趣的案例,将门头战略和互联网时代的门店竞争，用通俗易懂、简洁流畅的文字呈现给大家，相信余老师也想通过此书，让所有的餐饮人和读者规避弯路，找到捷径。

当你读一本好书的时候就像是遇见了一个好友，当再次读这本书的时候就像是老友重逢。

黑龙江张亮餐饮有限公司董事长　张亮

从2014年结识奕宏后，了解了互联网+餐饮，认识到要从品类战略聚焦到餐饮门头战略。

从街边店到购物中心店，门头都是流量入口，是顾客的第一接触点，通过对课程系统的学习，让我们懂得如何建立品牌核弹头，以达到流量优化；在这个流量分散的年代，如何聚焦，合理地运用五感体验，将客流吸引到门店。

我掌握了属于自己品牌的打造流程和体系，把握消费者需求，同时运用王小白老师的菜单规划思路对产品进行结构化调整，结合各个门店的实际情况落地，加强门店内部管理，使得营业额得以提升。特别感谢奕宏和小白的分享与指导。

南京百纳餐饮总经理　吕晓阳

我在2018年有幸听了余老师的门头战略课程，受益匪浅！最深刻的感悟就是对餐饮竞争三大效率——认知效率、结构效率、运营效率有了更加深刻的理解和感悟，从品牌定位、消费者认知、菜单规划、产品结构、店面模式、运营管理、企业文化等方面进行了重新思考。

通过在经营战略上的调整，餐厅顾客满意度达到了95%以上，2018年同比2017年销售额上升25%，而且2019年的业绩也在不断提升。门头战略课程告诉我们企业在经营发展中应遵循的生存法则，成为企业不断发展和创新的制胜法宝！

将军牛排联合创始人　杨学东

门头战略课程带来的三大思维改变：第一，**C端思维，避免自嗨。**课程提出了要用外部思维思考品牌、品类问题，完全颠覆了我以前考虑问题的路径和方向。做定位首先需要考虑的不是自己，而是周边的消费者和竞争品牌。第二，**占领顾客心智中的独一无二和引发共鸣！**通过余老师的课程，让我悟到占领消费者心智的绝不是简单的产品差异化，而是一个动人的价值观。产品利益只会让人暂时喜欢，但不会让人永远爱上。品牌就是我的产品跟我的竞品比，光便宜不行，还要传达一个价值观，让我们的消费者觉得懂我，而不是很便宜。第三，**品牌阶段论，初创品牌必须聚焦一个点！**在课程中我收获最大的就是作为一个初创小微品牌，先找聚焦点，才能事半功倍。门头的规划设计更是如此！余老师有个很形象的比喻，你的租金的95%是交给这个门头的，如何设计好门头战略，生死攸关！

酷公社榴莲比萨创始人　陈之晨

我创立野人牧坊的初心是想做全球最好的冰淇淋，通过不妥协的冰淇淋创作，用手工现做、丝滑浓郁的天然美味治愈现代人的焦虑。然而在创业初期，完全地投身于产品本身却对传播和表达有所忽视，再加上害死人的"内部思维"，我一直苦恼于没有一句满意的口号。经友人介绍，我约余老师见了一面，本来是想付一笔咨询费让余老师帮忙想一句口号，他却果断拒绝了。原来余老师有着更为宏大的梦想，他志不在帮助个别餐饮企业取得成功，而在于推动整个餐饮行业对品牌、品类的理解和执行。这些年定位无疑是餐饮业最为风靡的理论，有大量机构动辄收十几万的课程费和百万级的咨询费，这其中鱼龙混杂、故弄玄虚者不乏其人。余老师深知餐饮人挣钱不易，他迫切地想帮更多餐饮人，让餐饮老板掌握一套科学的品牌思维。为此他居然把课程定了一个无法想象的极具杀伤力的价格。

我毫不犹豫带着团队报名学习了余老师的门头战略课程，收获良多。第一，余老师的课程把我之前碎片化的、混乱的定位、品牌、品类的相关知识清晰而有逻辑地做了梳理。我们平时看到的一些碎片化知识点并不能很好的记忆和应用，因为心智厌恶混乱，很快就会被遗忘。第二，余老师的课程最大的特点就是深入浅出，一切为了落地，一切为了效果。他把知识点梳理成大量精彩的顺口溜和排比短句，把深奥的理论归纳成简单实用的工具，从根本上解决了定位理论"一听就懂，一用就错"的问题。第三，余老师的课程还是防忽悠神器。尤其是餐饮小白，听完余老师的课可以让你段位大增，再有江湖术士来你面前忽悠的时候，你可以在心中暗暗给他打个分。更为重要的是在和外面的设计机构、咨询机构合作的过程中，你可以有理有据地判断他们的提案是否可行，避免落地后无效带来的巨大损失。

此后的日子，余老师时不时为我推荐投资机构，对接各种资源，参与我的私董会，我深切感受到他发自内心对学员的爱和热情。我也把读他的每一篇文章作为日常的一种期待和幸福。我们都在做着自己热爱且自认为有价值的事，互道珍重，一起共勉。

野人牧坊意大利手工冰淇淋创始人　崔渐为

2018年7月，我有幸参加了余老师的门头战略课程的学习，余老师的一句"先有品类，再有品牌"敲醒了我。一系列的动作之后，复购率大幅提高，顾客认可我们的手握寿司，特别是三文鱼单品，客单价也由上课前的68元提升到现在的79元，30平方米的小门店营业额攀升到40万元。我们快速拓展了12家直营门店，各店销量在上海日料大类中遥遥领先，也荣获了2019

年上海TOP30影响力餐饮品牌！非常感谢余老师的教授给我们带来的启发和改变，移动互联网时代的门店竞争，是门头战略的竞争！

奔跑的寿司酱创始人　孔浩

偶然的机会学习了余老师的门头战略课程，特别是余老师的这句话更是一针见血的：咱们开店的人，如果只是内部思维，那就有可能不换门头就换老板！学习之后更是深深地感到这个观点的重要性。

江西老萍巷莲花血鸭馆创始人　丰华

在第一期门头战略短短三天的学习过程中我迅速成长，豁然开朗，好像打开了一扇大门。接下来我又连续参加了第二期、第二期门头战略的复训学习，让我更加坚定了做炒饭品类的信心和决心。课程学习结束后，余老师也一直和我保持着联系，经常沟通指导，使我在短短三年左右时间开出近百家门店。余老师是我的老师亦是益友，更是我人生道路上的贵人！

隋炀帝炒饭创始人　蔡亮

"醍醐灌顶"是我第一次上完余老师课程的最大感受。当天上午的课程结束，中午我马上通知广告商安排更换店面招牌和产品照片。当时我一刻都不想耽误，尽快纠错，不能再错失顾客的认知了。我的内部思维受到了余老师的外部思维的猛烈冲击，新的思考方式敞开了，我知道自己要做什么了！我的店很快落到实处，改了门头，改了菜单，增加了客人认知的细节，成效立竿见影，营业额持续增长！现在我已经不再焦虑了，因为找到了开店的逻辑，有了方法，开店赚钱很轻松！

东莞甜品第一品牌小妍子手制酸奶创始人　黄敏仪

2018年开始接触余老师的门头战略课程，参加两期后收获极大，创始团队立即与我们的品牌合作公司一起重新修订了整个品牌方向，并重新定义了整个品牌的门头战略。2019年新运营的四家直营店，营业额比原有同区域类型的门店增加25%，为整个品牌加盟系统的推广打下了坚实的基础。感谢余老师对餐饮人的贡献，希望余老师的课程可以一直伴随万巷小筷道品牌的成长，感恩遇见！

万巷小筷道创始人　魏小月

如今这个时代，与其说餐饮做的是"吃的生意"，不如说做的是"人的生意"。相较于传统餐饮时代发力在吃的上面，在新餐饮时代，好吃已经变成了一种基本要求，如何抓住顾客，成为像我这样的餐饮人安身立命的根本。余老师运用自己的经验和见解，给了我们餐饮人理念的转变，更重要的是抛开障碍，思考餐饮的根本，从品牌品类、门头认知、顾客痛点、爆品打造等诸多方面，重新定义了如何做餐饮，我受益匪浅。通过梳理品牌品类、改造门头菜单，不断思考顾客认知，山果巷餐酒馆的营业额不断增长，成为新疆乌鲁木齐全城人气餐厅 TOP1，新疆菜餐厅 TOP1。

新疆山果巷餐饮管理有限公司董事长　彭春水

这几年餐饮行业群雄逐鹿，除了一线前赴后继的餐饮人，也催生了众多服务 B 端的餐饮服务机构，余奕宏老师是少有的能保持独立视角来深度洞察和剖析行业的非一线餐饮从业者。正是这样一个独特的身份，他能够抽丝剥茧、游刃有余，用第三只眼睛来帮助一线埋头苦干的餐饮人抬头望天、预见未来，通过可视觉化的门头把貌似虚无的顶层设计、品类定位、品牌战略的方法论与餐厅的门头完美结合，启发了更多的餐饮人通过差异化的自我创新，找到自己的品牌品类的市场机会和价值！2017 年 11 月去北京第一次听了奕宏老师的门头战略课程，两天的课程结合了品类定位、品牌战略、广告传播、消费者心理学的综合内容，通过理论结合案例、现场分组演练，老师点评优化，直接让大家学以致用，学到用到做到！后期我们也把门头战略所学运用到学员开店支持服务上，立竿见影地帮助了很多学员，也吸引了更多学员来到奕宏老师的课堂共同学习！这是一本众多餐饮人期待已久的品牌导航地图，相信一定会帮助更多餐饮人对品类、品牌带来深度的思考，也会点亮更多餐饮人创新创意的火花！

— TH 西餐培训 COO　代朝阳（花名：皇阿玛）

整体思维模型以及观念的改变才是创始人打破瓶颈的唯一办法！通过余老师的指导，看到了经营的本质以及竞争的本质，不再为表面的小套路绞尽脑汁，不再为了蝇头小利而挣扎，让我知道了心智战场的重要性，以及创始人心力的成长才能带领企业立足现在，走向未来，拥有核心竞争力完成消费者心中的卜市！懂得了什么是真正的品牌，如何塑造品牌，以终为始、以始为终去完成心中真正的使命愿景并为此奋斗终生！想明白我是何人、从哪里来、到哪里去的人生三问，并懂得了余老师讲的规律以及效率观，运用方法论完成思维模型的建设并逐一落地，实现了营业额的翻倍增长，也让我明白了什么叫振奋士气最好的办法就是带领团队打胜仗，一场翻身胜仗使全军士气大振，良性循环的开始终将走向胜利的终点！

春丽家炭烤鲜牛肉创始人　刘楠

2018 年，一次偶然的机会结识奕宏老师，并有幸参加了奕宏老师第五期门头战略、菜单规划研习班。门头战略是餐饮企业提升品牌竞争力的核心课程，正如奕宏老师所提观点，得民心者得天下，得心智者得市场。我们九府羊品牌从抢占消费者心智出发，重新梳理了我们品牌名、品类名、战斗口号及信任状,另辟新赛道,通过改良传统火锅,开创出"鲜羊火锅"这一新品类。提出了"能吃鲜羊肉,不吃冻羊肉,叫上好朋友,吃点好羊肉"的战斗口号,倡导健康饮食消费理念。多谢余老师及时点拨!在小白老师的指导下,我们对所有菜品进行了更合理的规划,提炼出 8 大爆款菜品,对消费者更聚焦,对品类更聚焦,同时也提高了九府羊品牌的盈利效率。自 2018 年 9 月至今,九府羊门店的"爆款菜品"基本上做到桌桌必点,爆品营收占比提高 5 个百分点,所有门店月营收平均 70 万元左右。截至现在,九府羊在全国有营业门店 20 余家,在筹备门店 30 家。到 2019 年底,预计全国门店总量达到 100 家,覆盖东北、华北、华东、华中区域重点城市,全力打造消费者心智中的鲜羊火锅第一品牌。奕宏老师为中国餐饮做出了积极的贡献,为我们餐饮人指明了方向。我推荐大家认真读这本书,它会让你少走弯路或者弯道超车,同时也希望这本书大卖,来帮助更多的餐饮人。

九府羊鲜羊火锅开创者、创始人　赵晓丹

余奕宏老师绝对是打开我商业世界大门的启蒙师,给了我清晰的前进方向!从创业小白到慢慢了解商业运作、品类在人们心智中的重要性、菜单规划对传播和效益的影响,我学会了一步步地总结与归纳。余老师教导的核弹头,不单是一条公式,它更让我找准了自己定位的优劣势、差异化产品和未来发展规划。

如今我思考商业问题时都会紧紧围绕余老师的核弹头逻辑，每一步都是为了凸显自己的差异化而努力。如今，我们的传播速度以乘法增加，其中一个门店在改变两个月后做到了东莞市南城区面包甜品类第一名了门店营业额增长了 31.6%。用了老师的方法改变后，外卖单量和营业额至今已增长了两倍。我们的目标是做到该品类的全东莞市第一名，争取更多的市场份额。谢谢余老师，祝余老师新书大卖！

美子家（Dear Chiffon）法式甜品创始人　尤夏靖

2017 年 11 月我第一次学习余老师的门头战略课，它是我目前整个餐饮学习过程中复训次数最多的课程。学习后落地转化的有效性，以及对品类门头战略思维方式的改变，使我收获良多。余老师品类战略课程可谓是餐饮创业者的首要必修课。

在余老师的指导下，醉面的综合坪效、人效持续提高，在大众点评平台上多家门店被评为 5 星店面。同时，余老师帮助我梳理出醉面以"肉酱面"为品类的发展方向，以求成为肉酱面品类的先行者。

相信此书将会为更多的餐饮创业者提供有力的帮助，感谢余老师！

醉面创始人　李龙斌

2018年初上了余老师的门头战略课，让自己第一次对以往认知里高深莫测的品牌系统有了一次全新的化繁为简的认识。第二次复训，有了之前对品牌信息核弹头的理解、消化，逐渐从有认知到不确定、犹疑再到理清思路、发现背后的逻辑，这个点动成线、线动成体、体动成框的过程真的让我很惊喜，我觉得这是思维的一次鲤鱼跳龙门。来上课之前我们正处于迷茫期，我们是跷脚牛肉宴的开创者，地处四线城市，但现今同质化和细分市场逐渐明显，我们的优势在逐渐弱化，上完余老师的门头战略课和小白老师的菜单规划课，好像打通了任督二脉，清晰地对品牌定位，再次找出核心升级各个维度的差异化。余老师说，有定位胜无定位。现在我深刻领悟了这句话，它会让你用同一个核心思想处理不同的问题，从而将能量向同一个方向正向累积，这个逻辑也让自己悟到，一生干好一件事足以的真正含义。谢谢余老师的开悟之恩，祝余老师新书畅销并帮助更多人开悟。

古市香跷脚牛肉非物质文化遗产第三代传承人　张谦

在认识余老师之前我的品牌叫破面，看名字就知道当初我们的业绩是惨淡的，一度到了快交不起房租的境地。上了余老师的课程，认识到自己犯了严重的内部思维的错，通过余老师外部思维的训练，更换品牌名，改造门头，让顾客不用进店就清晰地知道我们是干什么的，我们跟别人有何不同，给消费者一个选择我们的理由，因此我们获得了更多顾客，营业额翻了一番。通过余老师教授的聚焦品类的方法，提炼出了爆品，爆品最高可达到营业额占比的 68%，顾客对我们有了非常清晰的认知以及记忆传播的点，甚至有顾客吃完直接找我谈加盟。能有今天的种种改变，得益于余老师有一套科学的理论以及通俗易懂的教授方法。时刻铭记余老师送我那句话：与其更好，不如不同！在同质化竞争严重的当下，这绝对是绝佳的突围办法！

芸姐儿辣子鸡面的创始人　艺芸

我代表超能鹿战队创始团队感谢余老师和小白老师对我们的支持和辅导，让超能鹿战队一个跨界的 90 后创业团队在互联网+餐饮的创业浪潮下越来越强。余老师的门头战略看似是入门级的课程，却有很多老餐饮人几十年都不曾明白，而超能鹿战队把门头战略首先用到了外卖平台，并实现了营业额翻倍的增长，抢占了一定的市场份额和消费者心智，余老师的辅导也让超能鹿战队在明确了未来的发展方向及战略规划同时从众多品牌中杀出一条路。小白老师的菜单规划让我们将原有的 100 多个 SKU 优化到 30 多个，营业额却比优化前翻倍增长，厨房出餐也更有秩序，人效、时效、坪效多方面的精细化运营能力大大提升。实际上课后我们门店的利润最多翻了四倍，门店数量也达到了 100 多家，预计 2019 年会把超能鹿战队开到更多的三、四线城市，影响更多人的健康饮食习惯。

超能鹿战队创始人　穆子龙

关于定位、品类的课程非常多，余老师的门头战略课程，把定位这个庞杂的系统分解后，变成了可视的节奏。学习除了打破思维方式，让学员们学以致用更重要。

仇婆抄手创始人　高东

推荐序一

让顾客过目不忘的门头战略

合兴集团控股有限公司总裁　洪明基

我从事连锁餐饮经营20多年,在每次对吉野家、DQ和其他我们经营的品牌进行模型升级的时候,我们都要花很多时间研究招牌和门头。在互联网时代,商业模型讲究多元的渠道,餐饮美食的本质就是需要让顾客的各种感官都实实在在地跟我们的品牌互动,所以实体店铺对美食餐饮是最重要的。而在店铺当中,最能够跟顾客互动的就是门头。我的总结是门头设计一定要简洁、独特、符合品牌调性、有视觉冲击力(让顾客有记忆感)。

我与奕宏相识时间比较久,他一直对市场营销、广告有研究,后来,他看到了餐饮市场的培训比较笼统,就决定专注研究餐饮业和餐饮模型的发展,在这个过程中他和他太太王小白把餐饮两个特别重要的课题研究到了极致:一个是门头战略,一个是菜单规划。在过去几年,经过不断努力,实现了做深做透。与笼统的餐饮商业培训不同,奕宏的研究特别实用,如果做好门头和菜单，很有机会让品牌更易成功；做得不好，就会导致失败。他同时也开发了这方面的课程，我非常开心，他能把这两三年对课程精华的总结、纪要通过他的新书分享给对餐饮有兴趣的读者。这本书有以下几个特点：

视角独特

门头战略，是第一次站在用户视角来重新审视门店门头和招牌。从道法术器的层面来重新定义门头，研究门头，运用门头。

回归本质

门店经营最重要的是靠门头获客，门头才是门店的超级符号。餐饮品牌区域化经营，才有密度效率势能。引爆旺铺、区域称王是最佳竞争之道。

高效落地

不同于高深的专业理论，他是通过对数千个门头的案例研究，根据 600 多家品牌的门头战略调整方案，看到能够高效落地，快速提升门店业绩后，形成的品牌方法论。

他在写该书前，他主导的门头战略导航班已开了 16 期，菜单规划班开了 10 期，学员超过 600 人，品牌包括西贝莜面村、九毛九、眉州东坡、老娘舅、五芳斋、同庆楼等大型连锁餐饮企业，也有数百个中小品牌。他们大多数都获得了业绩上的增长,90%的学员来自于老学员的转介绍。

我推荐这本书给餐饮行业的经营者,特别是在升级转型中的餐饮创业者,这本书给企业的发展提供了宝贵的经验,很有用。

推荐序二

门头战略是连锁企业打造品牌的第一课

海底捞集团投资总监　海底捞微海咨询副总裁　邓恒

跟余老师结识已有几年时间,他一直专注在餐饮行业从事品牌营销与门头战略的研究。现在做品牌首选"定位",但各个品牌公司自身的定位如何,有时都说不清楚。可以说,老余是第一个将连锁门店品牌管理提炼到"门头战略"这个简单又直接的战略上来的。

多年来,实体连锁门店经久不衰,**其典型特点是网点分布、区域布局**。那么连锁企业如何看待自身的竞争环境与竞争策略?我结合自己的思考谈一点对门头战略的理解。

餐饮属于零售行业,具有天然线下流量经营属性,首选策略是选址和门头

流量可以按不同标准划分,比如按性质区分,流量分为线上与线下;还可以按城市区域分,按购物中心、街铺、交通枢纽等选址位置分。

流量的第一个趋势是近年来不断巩固的电商消费和外卖消费习惯，直接分流了线下客流，导致线下流量整体下滑。

第二个趋势是在大城市，线下流量向购物中心集聚，但购物中心过多、餐饮比重增长过快，导致流量结构性分流严重。

第三个趋势是餐饮企业是为用户提供食物与就餐服务体验的场所，虽然这些年受线上外卖渗透的影响，但饮食行业相比其他零售品类，更具备天然的线下消费场景，属于经营线下流量的生意模式。

过去我们讨论的选址策略，属于经营线下流量的第一个策略。但即使是同一个位置，餐饮门店数量增多、竞争加剧，单个餐饮店门前的人流量呈下降态势，这对企业如何去抓住人流提出了巨大的挑战。没有流量，就不可能有复购，也不会有持续的好生意。但一个商场里有几十家餐饮店，如何抓住属于我们的潜在顾客流量呢？

门头战略是一套值得餐饮企业借鉴的运营线下流量的方法论。

门头战略的出发点是助力连锁企业寻找自身的差异化并以最直接的方式呈现

门头看似简单，经营门头战略的背后需要企业对自身定位有清晰的思考。定位就是找到自己的差异化优势，包括企业门店商业模型的方方面面：品类、产品、定价、客群、装修、选址、门店面积、人员配比等。

其中包括经营什么样的品类和产品，品类是否小众；我们的产品标准化程度强还是弱；对人工的依赖程度；我们的定价覆盖的接受人群如何；我们的面积要小中大哪一种类型，租售比如何；我们是重服务还是轻服务；选址是偏街铺还是购物中心等。

单个门店的成功，也许有很多偶然性的因素，如选址得当、产品过硬。但连锁企业的成功离不开一套清晰可验证的门店模型，需要各种综合因素的共同作用，产品、服务、环境、选址等竞争优势缺一不可。

门头其实是对企业核心竞争优势的高度提炼，并以最简单、最直接的方式呈现。消费者希望通过门头的直接呈现，快速理解这个连锁门店的核心产品是什么，核心体验点是什么，并能形成良好的第一印象。

门头战略的本质就是抓消费者认知效率，这也是经营品牌的基本功。

前　言

不争第一，我们做什么？

"不争第一，我们做什么？"

这句话是西贝莜面村创始人贾国龙的座右铭，也是他带领西贝品牌真正成为中国中餐龙头企业的指导思想。31年前，从内蒙古临河出发的一位年轻餐饮老板，历经数十年的摸爬滚打，终于成为中餐的领头羊。

今天的西贝绝非普通的餐饮企业可以比拟，但31年前的贾国龙，与无数相同起点的餐饮老板相比并无太大差距，唯一不同的就是胆子大，永远敢为人先，敢争第一。

大多数人从来不敢想要成为第一，也从来没逼过自己成为第一，因此也从来就没有成为过第一。

为什么说"门头战略"是打造"第一"的第一战略

在移动互联网时代，线上线下融合，行业边界被打破，互联网企业纷纷攻到线下，所有的门店无一不受到移动互联网的冲击。

而"大众创业、万众创新"又让无数人冲进线下（尤其餐饮业）创业。一时间，模仿、跟风、抄袭成风。任何一个品类、任何一个模式只要火了，就立刻遭遇无数的同质化竞争，价格战、促销战成为常规战。一线城市关店率大于开店率，三、四线城市开始受到龙头企业（如海底捞）渠道下沉的挤压。竞争加剧，谁能成为幸存者？谁是真正的赢家？

在移动互联网时代，大家都在热议新零售、O2O、大数据对线下零售业的影响、改造，统统忽略了门店的核心竞争要素。而我却逆潮流地提出"门头战略"，关注门店的竞争之道、旺铺之道、区域称王之道。

作为一个有着近20年广告从业经验的广告人，我从2012年开始研究社交网络传播，从2014年开始研究门店（尤其是餐饮业）的竞争与发展趋势。

在北京的近四年时间里，我近距离接触了无数家餐饮企业，从而发现了真正的线下强势品牌是如何诞生的，以及持续成功的强势品牌做了哪些关键动作。

守正出奇，本立而道生。

要成为真正的旺铺和区域强势品牌，既不是依靠互联网营销，更不是靠免费模式，而是回归门店经营的本质，就是老板清晰地知道他的顾客是谁，有什么喜好。对外将这种顾客的偏好在门头上表现出来,从而精准吸引客户;对内优化产品结构,建立盈利模式,强化用户服务体验,持续盈利,以成为区域旺铺。

一切回归本源,门店首先要做好线下的门店生意。门店门头不能获客却要学互联网企业搞什么互联网营销、O2O、新零售,就等于自废武功,然后与互联网企业竞争。就像美团点评前COO干嘉伟所说,传统门店不做好产品,不服务好门店客户,却跟互联网企业学习"免费模式""共享经济",这是不知道自己的斤两。

因此,在人们追逐新模式、新思维、新玩法时,我在自媒体平台上率先呼吁,门店应该首先以客户为中心,精准地了解你的客群,清晰地在门头上展现品牌的差异化,并将此作为竞争战略,摆脱同质化的低价竞争。

根据我近20年的广告经验,并通过数年来对几千张门头照片的分析,以及对500多个品牌案例的研究,总结出国内第一个关于门店如何打造旺铺、区域称王的道、法、术、器、势——门头战略。

这个门头战略和"不换门头,就换老板"的战斗口号一经面世,立刻受到行业的认可。在餐饮业,从西贝莜面村、眉州东坡到九毛九、老娘舅、同庆楼等一大批优秀的企业创始人纷纷表示赞同,并连续多次让高管参与学习。一个创新的理论思想在一年的时间里受到行业领导品牌和大量门店企业认同，应该也算创造了一个行业"第一"。

我希望在这本书里不仅仅是把我的研究成果、实践案例与无数门店的老板分享，更重要的是传递"不争第一，我们做什么"的创业精神和竞争思想。

只有越来越多的创始人有这样的精神和思想，我们方能摆脱抄袭、跟风、模仿及低价同质化竞争的恶性循环。

希望中国能够诞生更多的拥有"西贝精神"的企业，无论大小，但勇于创新、勇争"第一"。"一枝独秀不是春，百花齐放春满园"，这是中国餐饮走向世界的必需，也是消费者的福音。

余奕宏
2019 年 4 月

目 录

本书及相关课程所获赞誉

推荐序一　让顾客过目不忘的门头战略

推荐序二　门头战略是连锁企业打造品牌的第一课

前言　不争第一，我们做什么？

上篇　如何打造吸金门头，引爆旺铺

第1章

老板对待"门头"的重视程度决定品牌的命运

01　残酷较量下门店竞争的变化 / 5

02　忽视门头战略的三大危害 / 14

03　重视门头战略的三大利益：旺铺都有好门头 / 41

> 商业竞争到了白热化的程度，线下门店居然不在最重要的获客门头上下功夫，就像拳师连基本功都没练扎实，就要走出去与各类武林高手较量，那是自取其辱，自我灭亡。

第 2 章

重新认识门头：建立强势品牌第一步

01 好生意的门店和差生意的门店的
最大区别 / 53

02 何为烧钱门头，何为吸金门头：
你的门头属于哪一种 / 59

03 重新认识门头，是老板从忙乱
无序到轻松赚钱的第一步 / 64

> 门头有且只有两种，要么是烧钱门头，要么是吸金门头。只要是平庸的门头，都是烧钱门头。每一个老板都应该把打造吸金门头当成门店盈利的第一目标。

第 3 章

如何打造吸金门头

01 烧钱门头的五大慢性毒药 / 73

02 吸金门头的四大核心要素 / 108

03 如何打造吸金门头，成为区域
明星店铺 / 113

> 门头上的每一个字、每一个符号，甚至每一个颜色都是用来获客的，如果不能获客，就是多余的。门店要建立品牌，门头就是一门大炮，而这门大炮能否击中更多、更广的目标，取决于门头上的有效信息，这些有效信息，我称之为"品牌核弹头"。

第 4 章

最易执行的门头战略

01 为什么要把门头提升到战略层面 / 139
02 门头战略解决的三大核心问题 / 142
03 门头战略的道、法、术、器、势 / 150

> 门头战略解决三大核心问题：我们的使命、愿景、价值观是什么？我们提供给市场独一无二的价值是什么？我们最初的原点用户是谁，核心产品是什么？

下篇　如何打造差异化品牌，区域称王

第 5 章

建立品牌的四大误区

01 做品牌不仅仅是大企业的事 / 161
02 建立品牌不能搞形象论 / 167
03 产品做好了就是品牌 / 182
04 店开多了不一定就成为品牌 / 186

> 品牌的本质是获取用户。因为品牌有获取用户的能力，所以就有更多的市场需要，无论这个市场是消费者还是加盟商。品牌是企业唯一的资产，未来没有建立品牌意识和常识的老板必将被市场淘汰。

第 6 章

只有差异化的品类品牌才能赚大钱

差异化就是:人多的地方不要去;与其更好,不如不同。

01 差异化就是敢于创新,勇争第一 / 194

02 与其更好,不如不同 / 202

03 如何打造差异化的品类品牌 / 214

04 打造差异化品牌的 4 个方法 / 223

第 7 章

从区域旺铺到区域称王是品牌发展必由之路

对于门店经营而言,最核心的经营秘诀就是:重点、密度、效率、势能。

01 门店的特点是区域化 / 243

02 只有区域旺铺才能生存 / 247

03 粗放的发展没有未来 / 252

第 8 章

抢占七大红利打造品牌软实力

我发现没有一个初创企业和中小企业不是借势红利而杀出重围的。江湖辈有人才出,其实所谓的人才,就是那些懂得去把握趋势、抓住红利的人。

01 如何正确看待红利期 / 271

02 餐饮创新的七大红利 / 276

上篇

如何打造吸金门头,引爆旺铺

> 商业竞争到了白热化的程度,线下门店居然不在最重要的获客门头上下功夫,就像拳师连基本功都没练扎实,就要走出去与各类武林高手较量,那是自取其辱,自我灭亡。

Chapter
One

第 1 章

老板对待"门头"的重视程度决定品牌的命运

Chapter One

商业竞争到了白热化的程度,线下门店居然不在最重要的获客门头上下功夫,就像拳师连基本功都没练扎实,就要走出去与各类武林高手较量,那是自取其辱,自我灭亡。

01
残酷较量下门店竞争的变化

1. 互联网下半场,平台成为利润收割机

美团点评创始人王兴于 2017 年频频提出互联网竞争已到下半场,随之就大幅地提高了平台的各种费用和佣金。笔者的观点是,互联网上半场的人口红利、流量红利消失,阿里巴巴、京东、饿了么、美团等超级平台形成,寡头垄断时代来临,补贴时代结束,各大平台全面进入利润收割期。饿了么、美团外卖的佣金抽成,从最初的 8% 现已上长升到 25% 以上,对于绝大多数拥有门店的企业而言,等于又多了一个固定抽税的"二房东"。

很多人抱怨,马云让天下没有难做的生意,结果却是让大家的生意越来越难做。事实上是很多老板没有看到生意的本质就是流量(用户)之争。

谁掌握流量（用户），谁就拥有话语权。

在平台建立初期，平台需要众多线下商家，尤其是知名品牌商家进入，以帮助平台吸引和留住用户，因此不得不采取双向补贴政策。在这个阶段，对于消费者和商家而言，都是最佳的平台介入期，又称之为"薅羊毛"阶段，谁越早进入，谁就能越早得到平台的巨额补贴红利。

随着超级平台形成，双寡头或者单寡头平台格局建立。如做电商的阿里巴巴、京东，做酒店机票的携程、美团酒店，做外卖的饿了么、美团外卖。当美团合并大众点评成为美团点评时，互联网平台就进入利润收割期，它们可以不用开一家店，就可以凭借海量用户，也就是流量和数据，收取"进门费，买路钱"；对于门店来说，这就是互联网平台竞争的下半场。

天下没有白吃的午餐，没有白给的补贴。如今，地主家也没有余粮了，收租子的时代全面到来！

2. 互联网下半场，巨头纷纷进攻门店

2016年10月13日，马云在云栖大会上率先提出"新零售"；紧接着就推出全新的线上线下一体的生鲜超市"盒马鲜生"；2018年3月又在上海试点了"筷马热食"；京东跟着推出"7FRESH"，扬言未来要开到100万家京东便利店；苏宁易购又反攻到线下，

不惜巨额亏损也要开出数千家"苏宁小店";据说小米公司也在谋划与"餐饮"相关的新业态。各位门店的老板,通过巨头的动作,你们看到了什么?

笔者作为多年的营销人和市场观察者,深深地为门店经营者担忧。俗话说"无利不起早",这些市值千亿、万亿的互联网巨头之所以从线上进攻到线下,是因为线上(移动互联网)红利消失,它们发现线下才是流量价值洼地,因为人总要在线下吃饭、娱乐,于是它们不惜代价也要强攻到线下。

线上的单个获客成本已经达到数十元,甚至数百元,当互联网巨头们发现门店(尤其是餐饮业)的获客成本不足十元时,简直就是发现了另一个"阿里巴巴"。

从表面上看,电商似乎已经统治了一、二线城市消费者的购买行为;但是冷静地看数据就会发现,电商其实只占中国消费品零售业总额的10%,某些品类比较高,也就才20%左右。中国消费品零售业依旧被传统零售占据着80%~90%的市场,所以纯线上肯定是有局限的。这也就是小米公司、阿里巴巴和京东开始进军线下的根本原因。

从此,你的竞争对手不再是隔壁老王,而是这些来势凶猛的巨无霸。所有的线下生意都会被巨头重新定义、重新改造。线下老板,你准备好应战了吗?

3. 巨头的加入使竞争加剧

互联网下半场的竞争规则和竞争对手都发生了巨大改变，同时互联网的下半场，线下流量成为巨头垂涎欲滴的宝藏。

这是我们每一个门店老板必须深刻认识的现实。所有忽略竞争变化的老板，都必将被淘汰。想想十年前，线下的零售巨头曾经对电商不屑一顾，如今都在验证马云所说的"看不起，看不懂，看不到，追不上"。没有危机就是最大危机，满足现状就是最大的陷阱。

互联网巨头携资本优势、人才优势、数据（用户）优势进攻到线下，可以说无论你从事的是何种行业，都不可避免地被互联网巨头清洗。连那些传统的大型百货，甚至包括"一个亿小目标"的万达商业帝国，都感到危机重重，就别说普通的线下商业经营者了。

4. 竞争加剧的"虚火"表象

因此，我们看到竞争导致每一个企业的生存压力越来越大。

同时，由于盲目进入门店生意，特别是进入餐饮业的人越来越多，反而导致房租和平台抽佣越来越高。

因为你不干，有人干。

我们看到的怪现象就是：在城里的人利润微薄，城外的门外汉却还不顾成本拼命往里钻，从而抬高房租和转让费。

我总是劝身边的朋友别轻易投资餐饮（门店）生意，因为你们看到的都是排队的门店，不排队的门店你们不会去吃饭，而我看到的是要排队跳楼的投资经营者。北京、上海每年的闭店率已经超过开店率。半年到一年时间你们就可以看到某个门店的老板又换了。这已经是一个高危行业、微利行业。

5. 竞争带来三大挑战

同时，竞争还带来三大挑战。

第一，同质化。商家是什么火干什么。一个品类火了，满城都是，于是低价竞争，自相残杀。

从重庆小面到美蛙鱼头，从潮汕牛肉火锅到小郡肝串串，哪一个品类火过两年？都是一年之间，成百上千的店铺涌出来。因为新媒体传播的速度、精准渗透率是传统媒体的数百倍，因此今天任何一个品类的业态火爆后，瞬间就会被复制到全国，以前一线城市和三、四线城市大约有3~5年的时间差，如今被缩短到数月。

第二，低价竞争成为新常态。后进入者、新入行的大多数都是没有经过商战训练的不合格创业者，为了活下去，只有采取低价促销、打折手段，无良的策划公司还美其名曰互联网思维，前端让利，后端赚钱。

第三，错把促销当营销。一方面，牺牲自己的利润，用团购和折扣养活、养大了互联网平台；另一方面，只吸引了一批价格敏感型的低质量用户，他们是哪里便宜、哪里打折去哪里。你还没等到后端赚钱呢，就倒在了低价竞争的死循环里。

这种违背常识的竞争手段，暴露了老板急功近利的心态，以及缺乏商业思维。自古价格战只有巨头、龙头企业才能驱动发起，后进入者只有走差异化竞争道路才能存活。而恰恰我们很多新手老板、生意遇到困境的老板，居然首先想到的是降价、打折、促销。

只懂打折、促销的策划人员和策划公司是失职的；只懂打折、促销的老板，没有参与残酷竞争的资格。

房租（平台费用）、人工、食材、税费，四座大山压在每个老板身上。

你需要的是一套行之有效的赚钱手段。

6. 残酷的现实数据

有数据反映，北京、上海 2018 年餐饮门店倒闭率为 110%，也就是开得没有关得快。

中国新开餐厅平均寿命不到 1.5 年，而常规的餐厅投资回收期需要 18 个月，也就是 1.5 年。绝大多数新餐厅没能收回投资，就倒在了半路上。

购物中心已经成为新餐饮品牌的"坑"，一成盈利，二成平，七成亏损亦是新常态。

三、四线城市的地方品牌已经开始遭遇全国性品牌，诸如海底捞、西贝莜面村等品牌的挤压。

餐饮业创业投资已经是高度竞争、高危的行业。动辄数十万、数百万元的投资就打了水漂。

7. 警报

餐饮躺赚期一去不复返。

什么叫躺赚？有位浙江学员说的好，她说十年前餐饮行业真好赚钱，自己几年没管，世界各地坑，回来一看，又赚钱了，如今这种情况一去不复返，要抓紧时间学习了。

在过去的二三十年里，很多行业都处于躺赚期。只要你胆子大，稍微肯吃点苦，就能够赚到比上班打工强数十倍，甚至成百上千倍的回报。但是，这是短缺经济的产物，并不能说明你就是一个合格的创业者、一个合格的老板。

恰恰相反，由于是在躺赚期，很多企业只是一个大个体户而已，企业粗放经营、机会主义随处可见。

而如今已全面进入高度竞争的市场经济时期，更重要的是竞争对手都发生了巨大变化。我在这里断言：粗放型的老板、保守型的老板必遭淘汰。故步自封、满足现状，都会被接下来一两年的残酷竞争拖垮。

从阿里巴巴、饿了么、美团外卖、美团点评的发展史来看，流量最终会被巨头垄断。这些巨头的出现就像联合收割机，将淘汰大批效率不足、品牌弱或者无品牌的门店。

8. 只有强势的区域品牌和全国性连锁品牌才有发展机会

什么是强势的区域品牌？通俗简单地讲就是某一个区域的旺铺，前一前二的店铺。

无论是某一条街、某一个商圈、某一个县市，总会有一两家店铺（品牌）常年生意兴隆，排队等位，口碑爆棚。这样的旺铺在过去就很赚钱，在未来就更赚钱。

为什么说只有强势的区域品牌和全国性龙头连锁品牌才能生存发展呢？是因为它们拥有制造流量的能力。对于房租、平台佣金、各项费用而言，每一家企业的成本是差不多的。但是对于区域旺铺、强势的区域品牌、全国性强势品牌而言，它们才有化解高昂成本的能力。

它们具有相对占优势的谈判能力，可以从地产商或者平台商处拿到更好的位置和相对便宜的租金。对于非一流商圈、非一流商场，它们甚至还可以获得免租期和装修补贴。在互联网平台上，它们也能获得更好的政策，原因只有一个，强势的旺铺、区域霸主、全国冠军拥有制造流量的能力。

而正是这种谈判能力，使它们既降低了成本，又再次获得更好的流量，同时能够超越同行提供给顾客更具性价比的商品或者更优体验，从而吸引和留住最匹配、最有价值的顾客。这就是所谓的强者恒强、弱者愈弱的马太效应。好的更好，差的就全部被淘汰。

如何成为区域旺铺、区域霸主，就变成当下任何一个参与市场竞争的创业者，不得不去思考的问题。

盲目、盲干、茫然、忙乱必遭淘汰。

要么出色，要么出局！

02 忽视门头战略的三大危害

1. 忽视门头，就是忽视竞争

（1）荒唐，满街都是漏洞百出的门头

笔者在广告业从业近 20 年了，每天都在观察和研究各种广告的有效性。对于门店的门头（门店招牌），在我眼里，那就是户外广告。

在残酷竞争的当下，我在街头上看到的 90% 的门头居然都是不合格的门头，这些户外广告通通不合格，根本没有获客的能力，甚至还造成用户的模糊认知，困扰用户。

在商业竞争到了白热化程度的市场中，门店居然不在最重要的门头上做好功夫，就像拳师连基本功都没练扎实，就要走出去与各类武林高手较量一样，那是自取其辱，自找灭亡。

大家请看，这个门头（见图 1-1）的面积非常大，但是却被老板做得支离破碎，有效的信息只有一点，无效的信息有一大堆。次要的信息占据最好的位置，重要的信息却被挤在边角。

图 1-1

品牌名称"豆虎"使用异型字，其实很难识别，因为顾客是站在远距离去看户外广告的，而不是在顾客的电脑前或者是在顾客的面前去看。

设计师经常只考虑美感，而不考虑实际的商业运用，不专业的设计师就是谋财害命。

最不重要的"DOUHU"的汉语拼音，却占据了最显眼的位置。事实上，没有人用汉语拼音去识别一个门头。

至于后面的"豆虎汤饭、生铁烙锅、市井小吃"，更是让用户困惑，根本不知道这家店是卖什么的。什么是这家店的招牌菜？

第1章
老板对待"门头"的重视程度决定品牌的命运

什么是这家店的拿手菜?

由于这家店的门头没有做好,却被底下的其他品牌的广告牌影响了它的视觉效果,会让路过的消费者很容易就忽略了它的品牌,白白糟蹋了这么好的一个广告位置。

要知道,这个无效的门头,对生意的影响是100%的,这就是生意不佳的命门。这样的门头不仅不能产生吸引力,更是在拒绝和排斥客户。它既不能清晰地表达自己是谁和卖什么,也不能清晰地定义它想吸引的顾客是谁,在什么样的场景下来消费。

一个门店这样的核心要点不解决,其他的功夫都是无用功。

(这个门店的老板后来成为笔者的学员,全新调整了门头,更换了品类,生意走出低谷。)

再看看这家门店(见图 1-2),"让我们见个面"。从远处看笔者以为这是一家面馆,走近一看又像是一家咖啡馆,查一下美团点评,发现这是一家"烤鸭创意菜"馆。每天这样的误会,要让这家门店损失多少流量(用户)!

同时,这个名字"让我们见个面",很难被消费者传播,也与"烤鸭创意菜"毫无关联。

试想一下,你是一个顾客,路过这个商圈,当你看到这样的店名时,会产生什么样的直觉联想,而当你的联想与门店实际销售的产品完全不一致时,就会有一种误会的感觉。而每一次的误会,都是营业额的直接损失。

图 1-2

这种现象绝不会发生在电商领域,我们从来没有在电商平台上,看到一个明明是卖女装的,却打着男士鞋帽的门头,原因很简单,线上的竞争太激烈了,容不得有半点差错。

所以从门店如此粗心、如此随意的门头来看,只能说明这家门店没有意识到竞争激烈。

这家"襄阳来了,湖北土家菜"(见图 1-3a),门头上写满了各种各样的品类,所谓的"过早"(见图 1-3b),是湖北人的说法,也就是吃早餐的意思,但是出现在北京的街头,其实很多人都看不懂。

第 1 章
老板对待"门头"的重视程度决定品牌的命运

a)

b)

图 1-3

这家土家菜馆居然还卖烤串、龙虾、凉皮、凉面，恨不得把厨师能做的所有产品都写在门头和橱窗上。

我相信如果你路过这家门店，会被弄得眼花，完全不知道应该在什么样的场景下和跟什么人去这家店吃饭。

包治百病的药不存在，能做好所有品类的店也不存在。

我不会选择在一家湖北的土菜馆吃龙虾、吃烧烤，更不会在湖北土菜馆里面去吃凉皮和凉面。

这些"自废武功"的门头，满大街比比皆是，给商家带来巨大损失而老板不自知。这绝对不是个别现象，事实上，我在租金高昂的高铁站、机场以及竞争极度残酷的购物中心里，都看到了大量不合格的门头。

可以说：

90%的门店老板忽略了最大的流量入口——门头，90%的老板不知道该如何利用门头获客。

90%的老板每天都在烧钱而不自知。

这在我看来是非常荒唐、难以置信的。一方面竞争如此之残酷，线上线下的竞争，包括巨头都在疯狂抢夺流量；而另一方面是线下的老板们居然把自己最重要的流量入口——门头不当一回事。

这其中极小部分原因是城市管理条例的规范要求,但更多的情况还是老板缺乏竞争的意识,没有竞争手段,缺乏对门头重视的科学管理方面知识。当然,更重要的是,过去的生意太好做了,钱太好赚了。

(2)本末倒置的门店营销思路

当我们没有重视门头、不知道门头如何获客时,就开始在其他方向找流量。

互联网平台教育我们说,今天的消费者不在街上,而在手机里,于是我们觉得很有道理,就纷纷上网去买网络的流量,还弄了一个时髦的名词——O2O,如今又升级为线上线下融合、新零售。

这是我常去的一家美发店(见图 1-4)。它位于北京的国贸地区,一家五星级酒店的大门对面。这家美发店的合伙人是我的美发师,得知我是专门研究门店的门头战略的,就来向我请教。

交谈中我才知道,这家店一个月的房租是 10 万元,国贸地区寸土寸金,房租贵很容易理解。但是他每个月居然还要额外花费 8 万元用在美团点评上的引流,事实上我就是他们由美团点评带来的客户。

图 1-4

很遗憾，这个位置离我的公司很近，我也经常去，但是我自己之前却从没"发现"过这家美发店。

因为你们看一看他的门头就知道了，他在离酒店最好的位置，写着"璀璨美睫"四个大字，据说这个业务是他们曾经跟别人合作的，而现在根本没有再开展此业务。

很显然，作为一个男性消费者，每次当我路过看到"璀璨美睫"的时候，我是绝对不会进店的，也就很容易忽略这家美发店。另外，门头上的店名是英文，但是这个英文单词很陌生，很多人对英文并不熟悉，更何况这个英文单词还是他们自己组合出来的，没有任何含义。

当我多次进店消费之后，看了店里面的广告视频后，才知道这家店是一个有着很多明星资源的创始人开的店，创始人在演艺圈很有名气，还获得过一些大奖。但这些信息在门头上，以及在门前的视频灯箱上是完全看不到的。可以说，这10万元的房租，所租赁的"门头广告"全部被浪费掉了，不仅被浪费，而且还被那个"璀璨美睫"所干扰。

明明在最好的位置，花了百万元的年租金，却还需要再投入近百万元在美团点评上获客，同时还要进行低价的打折办卡，才能够留住顾客，这是多么的令人费解！

我跟老板讲，如果是这样，你还不如专门在一个高级的公寓楼里面开店，还可以省下一笔房租。后来这个合伙人极力要求更换了全新的门头。

各位读者看到这里也许会觉得这个老板太粗心了，但事实上这样的现象满大街都是，如果你回去仔细地看一看你的门头，也许也是漏洞百出。

这个案例绝不是个案，但是却证明了互联网平台的教育和培育门店市场的成功，它们就是要让你在网上开店，在网上营销，因为只有这样，你才会更加依赖平台。同时门店在线上又有各种促销活动，就更加拉动和养成消费者网络消费的习惯。

更夸张的是在餐饮业里，消费者已经到店消费了，结账时居然还要使用互联网平台上的折扣，甚至门店员工还主动教消费者使用网络平台优惠买单。

我不是反对互联网平台，从长远的大趋势来看，它们运用先进的互联网技术，提供了更多、更好、更优、更具性价比的产品和服务给消费者，这是其价值所在。

但是在商言商，互联网平台为了成就自己，所使用的一些宣传方式和手段，对大多数普通商家是欠公平的。然而这就是商业竞争，商场上从来就没有公平可言，大鱼吃小鱼，快鱼吃慢鱼，优胜劣汰，适者生存。

再次重申：门店，不考虑如何用线下手段获客，不重视门头的获客方法，却白白把顾客送上互联网平台，再从平台购买流量，等于培养一个新房东，来抽自己的租金。恐怕再也没有比这个更荒唐的商业行为了。

（3）线上流量不是互联网公司对手

我们可以看到，在线上的流量竞争当中，我们完全不是互联网公司的对手；因为它们有着严谨而成体系的流量获取的方法，通过流量转化和优化，裂变运营，牢牢锁住用户。

例如，我买了阿里巴巴的 vip88 会员，立刻同时成了优酷、饿了么、飞猪旅行、虾米音乐、淘票票的会员，它可以在我每一次下单后，推送相关联的服务、优惠折扣给我，并且通过我累积的消费数据判断出我的画像和生活轨迹。这是互联网流量运营、用户运营的技术优势，数据化用户、数据化产品、数据化营销、数据化运营。门店的基因和互联网平台完全不同，我们至今还没有完全实现用户数据化，消费全数据化，又何谈数据化运营呢？

当线上平台通过数据化运营，把我们年轻一代的用户养懒了，养熟了，养大了，它们可以挟用户以令诸侯，来要挟线下的各个商家，收取不菲的过路费、养路费、进门费。

我们很多线下的门店非常可怜，明明线上的流量运营不是自己的优势，却还要向互联网平台公司学习，甚至还去抢夺线上的流量。

在线下最大的流量入口——门头上却漏洞百出、节节败退，我想问问大家，你们还能往哪里退？

（4）门店门头上损失流量最常见的三大低级错误

第一，装高雅。滥用繁体字、异型字，以及难以识别的书法字体。

再次强调，户外广告、户外门头，消费者是远距离观察、远距离识别，并且是在极短的时间内一扫而过的。

消费者既不是书法家，也不是美术爱好者，他没有时间、也没有精力去研究你的门头上那些古怪的繁体字、异型字写的是什么，他不能够识别，就马上忽略。

简洁清晰、一目了然是户外广告，也就是门头上字体符号使用最基本的常识。

第二，门头上只有孤零零的品牌信息，缺乏准确清晰的品类信息。

这个错误我觉得在线下的门店特别明显。之所以有这样的一个错误，是因为我们很多的时候在无意识地模仿大品牌、跟风大品牌所致，甚至包括一些专业人士居然都有这些错误的认知。

曾经有一位"专业"设计师反驳我，说我说的不对，为什么肯德基、麦当劳、星巴克、优衣库等优秀的企业在其门头上仅仅只有品牌名，甚至只有简洁的符号。

他认为我要求商家尤其是线下的门店把完整的品牌名和品类名列在门头上，是对门头的视觉污染，是不懂审美的表现。

我恰恰认为这位"专业"设计师完全不懂得什么是消费者心理

第1章
老板对待"门头"的重视程度决定品牌的命运

认知,什么叫做生意的逻辑。

我们设计一个门头的目的不是为了好看,也不是为了去拿设计大奖。我们设计门头的目的是为了获客,为了降低流量成本,为了能够让我们盈利甚至大幅盈利。

更重要的是,之所以肯德基、麦当劳、星巴克、优衣库等这些知名的品牌,它们哪怕在门头上什么都没有,商品也一样能够卖掉,因为它们早就已经把它们的品牌以及它们所卖的品类通过广告和口碑传播植入到消费者的大脑当中了。

任何人看到麦当劳的 M 这个金拱门,就知道他看到的是麦当劳,就知道它卖的是牛肉汉堡等西式快餐。看到 Starbucks 就知道这是星巴克,甚至于只看到那个美人鱼的标识,就知道这是星巴克咖啡。

而我们现在谈到的门店,绝大多数连区域的知名品牌都谈不上,甚至于对于一些初创的品牌而言,在消费者的大脑当中,它就是一个 0。

一个初创的品牌、一个新的品牌却跟全国乃至于全球的知名品牌去学习模仿,这是非常可怕的事情。门店所要做的就是如何最简单粗暴地把你的品牌信息,你所卖的品类的信息简单明了地告诉消费者。如果连这一点都做不到，简直是拿自己的生意开玩笑。

第三，我们又走向另外一个极端，在门头上任意地堆积信息。

在做广告的近 20 年时间里，我也经常遇到这样的老板，当他花费不菲买了一个重要的户外广告位之后，恨不能把自己企业所有的信息都堆积在户外广告上。

前面说到门头就相当于户外广告，消费者在路过门头的时候有两个特点：第一，他是无心路过的；第二，他只能用余光扫一眼来识别。

在满大街那么多的信息干扰的情况下，如果你在门头上堆满了信息，他是无法安静地一个字一个字地仔细阅读的。

同时，一个门店老板在门头上堆满了信息，事实上是对自己品牌没有信心的表现。他想讨好所有的顾客，想把所有的产品都拿出来，事实上就是告诉大家，他没有一样是拿手的。

这三种低级错误，或多或少地在街头的门头上都有表现。我们来看一看下面这三个案例。这是一家在购物中心里的门店（见图 1-5）。

第 1 章
老板对待"门头"的重视程度决定品牌的命运

图 1-5

☆案例一：店名不清晰

假想一下，你是一个路过的顾客，当你看到这 4 个龙飞凤舞般的大字"凤羽桃源"时，你能判断出它是卖什么的吗？你会对它产生兴趣，被它吸引，进店来尝试吗？

答案是显而易见的，这样的店你很难知道它是卖什么的，就很难吸引你的注意力。普通的消费者没有那么强的好奇心，也没有那么多的时间来研究这家店是做什么的。我们的大脑的反应机制是这样的——"能不用脑就不用脑"，因此顾客对困扰自己的信息以及识别模糊的信息，就一律当作没有看见。

要知道，你不是那个商圈的唯一商家，还有无数的商家在吸引着顾客的眼球和注意力。

当你走近这家店的时候，看到门口的广告牌上写着"消费有礼"，也仅仅是一些促销的手段。如果你细细地观察，才会发现在店里面有一个不起眼的小字，写着"云南菜"。我不知道这个老板是怎么想的，或者说设计师是怎么思考的，他为什么要跟顾客玩捉迷藏的游戏？

大家不要觉得荒唐可笑，事实上这样的门头有很多，只是我没有那么多的页面来展示罢了。

（有时这种错误是商场管理者的强硬要求造成的，我的建议是一定要与商场据理力争。因为做出这样的门头，生意惨淡，商场是不会承担任何责任的。我们要为自己的生意负责。）

☆案例二：孤孤单单的品牌名

这个现象在线下的门店就更多了。

作为读者，直观地看到"翠清"这个名字（见图1-6），你们知道它是卖什么的吗？

翠清，是在北京小有名气的湘菜馆，但是在几千万人口、上百万家的餐厅里，有多少消费者能够知道其名气呢？更何况"翠清"这两个字，跟湘菜连半点关系都没有。

也就是消费者看到这个名字和它所卖的菜品没有一点联想。现实就是，门口专门有服务员不停地招呼客人，告诉大家他们卖的是湘菜，同时还强调辣的、不辣的菜都有。

图 1-6

门头明明是免费的推销员，店家却不用，却要加大员工的工作量，在门口不停地介绍、推销自己。殊不知顾客的心理非常奇怪，越是推销的店，他就越不想进。

把门店的门头做得如此有艺术感，确实增加了商场的人文气息，但是不能获客，损失的还是老板自己。

第 2 个门头是"越打星"（见图 1-7）。消费者同样无法识别它是卖什么的。"越打星"，究竟是越南菜还是新加坡菜？还是越南菜加新加坡菜，我只能这样胡乱的猜测。

图 1-7

当消费者产生认知模糊的时候,他要么就是直接忽略,要么就是好奇地拿出手机,在美团点评上搜索店铺。

当他掏出手机,并且在手机上找到这个品牌的完整信息的时候,就意味着商家又把流量给到了美团点评,等于是你在线下花了巨额的投资做一个门头,然后把流量导给美团点评。

所以,我们很多门店的老板,你们不要抱怨美团点评,不要抱怨这些互联网平台在压榨你们,是你们不懂营销、不懂品牌、不懂门头战略,平白无故地把流量导给这些平台,然后让它们来掠夺自己。

第 3 张图片展示的企业就更有趣了（见图 1-8）。它使用的是英文，而且是一个孤孤单单的英文名"blueglass"。说实话，我在线下看到它的时候，刚开始还以为它是一家眼镜店。

如果不搜美团点评，你们猜猜看，它是卖什么的？

图 1-8

答案是酸奶！

据说这家店是一个网红店，但是我在那天（是个周末）下午路过的时候，店里空荡荡的，只有一个人。这是一个非常好的购物中心，而且它所在的位置也非常棒。

门头上只有孤零零的品牌信息，就好像在跟顾客玩"猜谜游戏"，可惜顾客真的没有那么多好奇心。他们稀缺的注意力早就给到那些知名品牌了。我们原本要唤醒他们的注意力还来不及，却还在跟他们躲猫猫。

下面给大家一个方法，检查自己的门头设计：

1）不要在电脑前看你的门头设计方案是否合理，因为消费者真实的场景是站在十米开外，或者是边走边用余光扫视。

2）请完全不知道你的品牌的人来看你的门头，并让他讲讲你的店是卖什么的，能不能吸引他。

☆案例三：品类不明确

我用这些在我住的楼下的案例来举例。一方面，我长期观察它们，另一方面北京的国贸地区，寸土寸金，竞争非常激烈，房租也非常贵。即便如此，这些老板还犯下门头上的低级错误。

这家店所在的这条街被称为北京的小簋街，这家店的周围有北京三家非常出名的火锅店，房租和转让费高昂，竞争惨烈。

因此当这家店挂出"敦煌主题餐厅"的招牌的时候（见图 1-9a），

我知道它危险了。

这个老板想当然地会认为,他只要挂出敦煌主题,大家就会知道,大致上是卖什么的。事实上,每一个人对敦煌主题的理解是完全不一样的。

因此,我是不会冒任何风险去这家店做尝试的,因为它没有勾起我任何去尝鲜的欲望。

果不其然,店开了之后生意很惨淡。因为这条街以晚市和夜宵为主,所以它的营业时长其实非常有限。后来,老板就开始加上了工作餐(见图1-9b),也就是午餐。不久又添上了麻辣小龙虾。

a)

图1-9

b)

图 1-9（续）

一般来讲，我看到一家餐厅，如果在其开业后做两个动作，我就知道它的生意遇到了麻烦。

第一个就是促销，如买 100 元送 100 元。

第二个就是增加跟自己餐厅没有关联的产品。

这样做的老板往往都对自己餐厅的定位非常模糊，对自己的客群定位也非常模糊。他不知道什么样的人，在什么样的场景下，以什么样的理由进店来消费。

后来，这个老板大概是得到了一些人的指点，开始把他的招牌菜挂在了门头上:"胡杨焖饼,碳烤羊腿"。可以从图 1-9a 中看到这个门头被弄得五花八门。即便是在去年世界杯期间,周围的生意都非常火爆,他的生意依然很一般。

我最近又上美团点评查了一下。这家店在美团点评上投入了不少的费用,包括霸王餐。这就是我讲的经营的本末倒置,这个老板不知道在门店如何靠门头获客,最终却要去交纳高昂的营销费用给美团点评,然后用霸王餐促销补贴的方式,帮助美团点评去获取流量。

我真的很想跟这位老板说一句,你的产品非常有特色,你的问题就在门头上啊!

2. 差门头给生意带来的三大痛苦

门头没有做好的老板,一定感觉到非常的痛苦。想使力,却不知道力往何处使。

1)过往的消费者根本不知道你是做什么的,也没有进店的欲望,因此你的店里就没有流量。

2)明明你自己的产品并不差,但是顾客却总是被你隔壁的同行所吸引。

我们经常会埋怨消费者不识货,事实上消费者只能透过门头,只能透过一些碎片化信息来判断你这家店是否专业,是否是他的菜。

消费者没有责任，也没有义务，把每一家店都大胆地尝试一遍，然后判断说哪一家店是最好的。

恰恰是你们在门头上没有展现自己的优势，于是消费者只好透过美团点评这样的口碑平台来判断你是否有备选的价值。

真相是，使用美团点评的顾客在所有顾客中占比依然是少数，真正的顾客还是在街上。如果有一天70%以上的顾客都来自于美团点评，你就无须找一流的位置开店了。（恰恰如今外卖实现了70%～100%的为线下引流的能力，所以开快餐店选择外卖平台，要比选择一流商圈的一流位置重要得多。）

3）即便顾客来了也留不住。原因是来的顾客往往不是你要的顾客，因为这些顾客不是冲你的优势，不是冲你的差异化特色而来的，而是冲你的低价促销、你的莫名其妙的优惠活动而来的。

这种价格敏感型的顾客，或者我们把它称为"薅羊毛"的顾客，看到哪里有便宜就占，看到哪里有羊毛薅就去。没有忠诚度的顾客不能给你带来持续的价值。

当我们的门头不能够有效获客的时候，整个店就没有吸引力了。门店没有吸引力，自然业绩下滑，业绩下滑，整个团队就没有战斗力。

有过开门店经验的朋友都知道,门店越忙,员工越有干劲;门店越闲,就越难管理,因为人心散了,队伍就不好带了。

当门头不能获客的时候,老板就开始胡思乱想,用各种各样的促销手段。这些手段又加大了餐厅的成本支出,只是经营得热闹而已,却不能经营出效益,更不能带来持续收益。

这样势必造成门店的恶性循环,也就是生意不好,员工士气下降;员工士气下降,老板胡乱动作;老板胡乱动作,员工就更没有积极性,顾客也不能够得到满意的服务和产品,最终结局可想而知。

3. 忽略门头就等于商业自杀

如果你的生意不好,顾客不足,第一个问题就是要解决门头获客的问题。

门头没有做好的老板,往往就是在浪费房租。房租占据我们整个餐饮营收的10%～20%,可以说是我们最大的一笔营销投资,或者叫作营销费用。

我们要知道,房租的90%是用来买位置、买门头,而不是买空间、买面积的。

因为单位房租的价格与位置有关,与面积无关。

有过租赁经验的老板都知道，单位面积的房租租金是与面积成反比的。也就是面积越小，往往单位面积租金越贵；面积越大，单位面积租金越便宜。所以在一个商场里，最贵租金的铺子往往是水吧，因为它面积小，又是敞开式的，单位面积租金再高，只要能获客，老板们还是趋之若鹜。

所谓旺铺，就是位置好、流量高、人气旺的铺子。这种位置往往门头显眼，能够被更多的目标顾客所触达。

如果你拿到了位置好的铺子，却没有把门头做到极致，获取超越同行水平的流量，就等于在大大地浪费房租。

在麦当劳、肯德基的选址体系里，都有金角银边之说，其实这个金角银边指的就是门头的位置，门头的曝光程度。

一家门店，如果花重金租了一个好位置，买了一个好门头，却不懂利用门头获客，就等于浪费高昂的房租。

门头是餐饮企业的第一营销费用，第一营销费用都不能产生价值，这个企业的竞争力一定堪忧。

所以，忽视门头就是浪费房租，就等于自杀。

思考与练习

下面请读者朋友拿出一张纸、一支笔立刻写下你的门头曾经犯过哪些错误。上述三大低级错误，你犯过哪一条？

我们在线下的课程中发现，老板普遍存在一个思维盲区，就是看别人的错误都一目了然，看自己就是"只缘身在此山中"。因此，客观理性地审视自己，才能发现真问题。

把门头上升到战略层面，我应该是国内的第一位。在我的门头战略体系里，我把门头分为显性的门头和隐性的门头。

显性的门头就是大家能够看到的部分，而隐性的门头指的就是品牌的竞争战略。这部分内容会在书中下篇详述，其重点是教会大家打造强势的差异化品类品牌，成为区域的品类冠军。本书上篇我跟大家重点讲一讲狭义的门头和广义的门头，以及如何打造吸金门头，引爆旺铺。

什么是狭义的门头？狭义的门头就是大家通常说的"门店招牌"。

那么什么是广义的门头呢？广义的门头就是靠近门店外围的一切装置。灯箱、展架、吉祥物、大屏幕电视、等候区的座位、明厨明档等，一切可以引导视觉、引流的装置都是门头。

我在全国各地讲课的时候，经常会有一些同学反馈说，我们的城市管理很严格，门店招牌上不允许有多余的信息，甚至有一些城市只允许有品牌名，连品类名称都不允许出现。

我不评论这些城市管理条例，但是我可以告诉大家，我们可以绕过门头来做门头。

商人就是要去改变现状，要去解决问题！俗话说得好，方法总比困难多。因此，我们如何在门店上运用前面提到的广义的门头概念创新和创造，来获取流量至关重要。

事实上，我们不能总把责任推给他人，推给管制。一方面，在相对宽松的购物中心，以及机场和高铁站，这些室内的环境里面，依然看到大量不合格的门头。而另一方面，我们却又看到很多优秀的品牌，它们在门头的打造上，尤其是在广义的门头打造上，具有卓越的表现。

03

重视门头战略的三大利益：旺铺都有好门头

1. 为什么顶尖的企业投入巨资在门头上

因为研究门头战略，我跟国内几家顶尖的餐饮企业创始人都有过交流和探讨，也长期观察他们在门头上做出的调整与变化。

(1)西贝莜面村

我们来看一看,这是西贝莜面村最新的门头(见图1-10)。

图1-10

西贝莜面村的创始人贾国龙先生,是中国餐饮业最舍得在品牌上投资的创始人,也是最重视门头的创始人。单是"西贝莜面村"的字体,都是请世界一流的设计公司做的,投资了数百万元。

简单的"西贝"两个字,放在众多餐饮品牌出现的水牌上,你一眼就可以识别出。这种细节,我想绝大多数的餐饮老板是没有思考过的。

作为购物中心里的流量王和吸金王,西贝莜面村本身就有很强的品牌号召力。但是作为门头战略的研究者,当我仔细研究西贝莜面村的门头时,我不禁感叹:究竟因为成功,更注重细节;还是因为注重细节,所以才更成功!

我想很显然是后者。成功者都是那些非常注意细节的人。

很显然西贝莜面村非常擅长在广义的门头上做文章（见图1-11）。

图 1-11

它把招牌菜"蒙古牛大骨"用明档明厨呈现，并且用非常显眼的灯箱及红色广告字来展示。

任何一个路过西贝莜面村的顾客，在进入门店之前，就受到了这个"招牌菜"的视觉冲击。散发着浓浓香味的蒙古牛大骨，也在诱惑着路过的顾客。餐饮是销售食物的地方，怎么能够没有香味？明档的目的不仅仅是为了好看，还得是好闻。

饥肠辘辘的顾客经过门店，被浓香的牛大骨勾出食欲，怎么会舍得离开？

当很多企业还不懂得把自己的招牌菜在门头上展现出来的时

候,西贝莜面村已经做到了,用食物、明档、广告牌、气味等综合的表现形式来展现它的招牌菜。

在西贝莜面村的橱窗和门口没有一个可以浪费的地方,所有的位置和所有的橱窗,都被用来展示产品和展示品牌。

红白相间的座椅成片地摆放,也形成了独特的引导系统,而因等位坐满了座椅的顾客,就成为门店最好的招徕生意的门头。越是排队,越是吸客。

售卖点心的小餐柜里整齐摆满了新鲜的黄馍馍、枣糕,恰巧你下午路过门店,这样摆放又提醒了你买些带回去当早餐,或者当个下午茶。

那忙碌而优雅的"莜面妹"、戴着高高厨帽的年轻厨师及烤着吱吱冒烟的羊肉串小哥,无一不在诱惑着你,告诉你这是一家生意兴隆、美味至极的门店。

门头不仅仅是一个招牌,而是一套组合装置,在西贝莜面村被体现得淋漓尽致。

(2)喜家德虾仁水饺

我们再来看看,被称为中国饺子王的喜家德(见图1-12)。

喜家德水饺在2016年请专业的定位咨询公司后,改名为虾仁水饺。

图 1-12

关于喜家德是否要加"虾仁水饺"这个品类,还是沿用喜家德水饺,来占据中国水饺大品类,在品牌界和餐饮界都存在纷争。

这里我们先来研究喜家德的广义门头。

喜家德同样也是采用了明档的形式,忙碌的现包现煮的员工给路过的消费者留下深刻的印象。现包现煮、干净好吃,是喜家德传递给每一个顾客的品牌印象,这个印象就通过门头的一系列装置来表达。

同样我们看到在这个最新的门头(见图 1-13)上也同样是清晰地阐释了产品食材、品牌诉求。

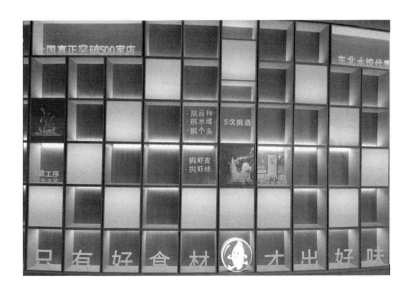

图 1-13

但是就这个部分内容而言,个人认为喜家德这个门头上想展示的内容有些烦琐了,可以有更好的表现手法。(这属于创意部分了。)

所以门头不是一劳永逸的,而是永远存在迭代空间的。

我看到很多老板非常重视场景的打造,也重视门头的装饰。虽然他们把门头做得很好看,但却没有什么用。因为他们不知道"门头是用来获客的,而不是用来好看的"。

可以说,喜家德这个门头在竞争激烈的商场里,引起了过路者足够的注意力,也形成品牌强烈的印记。

（3）巴奴毛肚火锅

最后一个门头可谓是中国餐饮史上最有战略意义的门头。凭借这个门头，巴奴毛肚火锅从默默耕耘到一战成名（见图1-14）。

图1-14

巴奴毛肚火锅诞生于河南安阳，最先以本色本味立足。当它来到郑州之后，亦步亦趋地跟随海底捞、学习海底捞，直到在门头上打上"巴奴毛肚火锅"，强调毛肚和菌汤是自己的特色，并且宣称"服务不是巴奴的特色，毛肚和菌汤才是"后，从而形成了与中国第一火锅海底捞强烈差异化的区隔，并在和海底捞1对1的对攻当中，形成了两强寡头，而垄断了郑州的火锅市场。

在没有形成这个差异化的门头之前，巴奴毛肚火锅只是郑州数千家火锅店当中的一家。但是当它找到自己的差异化特色，并且旗帜鲜明地在门头上展现出来，同时在企业运营的过程当中落实时，就成了郑州的火锅王。

巴奴毛肚火锅的这个门头具有战略性的意义，因为它不仅可以帮助巴奴毛肚火锅的门店精准地获取客户（重视产品、喜欢毛肚和菌汤），而且对于整个企业有着战略指导性的作用。（这就是我后面要重点阐述的隐性门头的战略价值。）

通过这三个案例，我们可以看到，中国已经诞生了非常优秀的餐饮连锁品牌，并且它们是如此重视自己的门头，因为在它们看来，门头绝不仅仅是招牌那么简单。

我在私下也了解到，它们在门头上是开发一代、储备一代、使用一代，也就是说门头是伴随着竞争，伴随着品牌的发展，不断进化、不断迭代的过程，没有一劳永逸。

不断地升级和优化门头，不仅仅是好看，所谓的品牌升级，既是增加门店的获客能力，更是彰显品牌诉求、品牌表达的方向。

2. 好门头的三大收益

- 顾客很容易被吸引

- 顾客很容易重复购买

- 顾客很容易帮你转介绍

因为好的门头能够清晰地表达你的差异化特色，能够吸引与其气味相投的顾客，能够让他们觉得值得信任、值得信赖。消费过后更是强化了这种吸引、信任、信赖，就再次产生复购和转介绍。通俗地讲就是回头客、老顾客、老带新越来越多。

一个门头就能解决的营销问题，我们却在别处寻找。有的商家整天忙着网络营销、网红炒作，收效甚微。因为门店能服务的半径就是方圆几百米，网络上再火，如果你只有一家门店，能接待的顾客数量也是有限的。

02

> 门头有且只有两种,要么是烧钱门头,要么是吸金门头。只要是平庸的门头,都是烧钱门头。每一个老板都应该把打造吸金门头当成门店盈利的第一目标。

Chapter
Two

第 2 章

重新认识门头:建立强势品牌第一步

Chapter Two

门头有且只有两种,要么是烧钱门头,要么是吸金门头。只要是平庸的门头,都是烧钱门头。每一个老板都应该把打造吸金门头当成门店盈利的第一目标。

在第一章我们了解到，差的门头究竟会带来什么样的伤害，以及为什么优秀的企业如此重视门头，投入重金在门头上。

那么，门头上究竟应该表达什么意涵才能最有效地获客呢？我们先来试着回答下面这个问题：好生意的门店和差生意的门店的最大区别是什么？

01

好生意的门店和差生意的门店的最大区别

一个餐饮店的老板，如果没有领会什么是好餐厅和差餐厅的最大区别，是做不出好的门头来的，也经营不好生意，更别谈建立强势的旺铺和品牌。

我经常在线下的分享会和课程当中问大家，好餐厅和差餐厅的根本区别是什么？

很遗憾，能够回答准确的老板寥寥无几。

问题即是答案。

1. 高质量的问题必然带来高质量的思考

如果你作为一家线下餐厅的老板、一个投资者、一个创业者、一个创始人，多去问出一些高质量的问题，就会有高质量的思考。

经常有人回答说，好餐厅和差餐厅的差别是人；还有人会回答说是好的服务、好的产品。

好的人、好的产品、好的服务，这些看上去都非常有道理。但是我们却经常看到好的人、好的产品、好的服务，却没有获得好的顾客，或者说赚到更多的利润。

因为，没有一个老板会认为自己是差劲的人，自己做出来的产品很差劲，自己的服务很差劲。你们会这么认为吗？

我想每一个老板在创业的开始，都想着用最好的人，将最好的产品、最好的服务尽其所能地提供给消费者。如果连这样的初衷都没有，只是马马虎虎地就参与到残酷的场景竞争当中，我想这样的老板还是不适合在这个时代做生意的。

那么，准确的最接近真实情况的答案，到底是什么呢？

为什么我们觉得自己付出了百倍的努力，却只获得了一点点的回报呢？

好的，我来揭示这个谜底，真实的答案就是：生意差的餐厅是顾客选你，生意好的餐厅是你选顾客。

生意差的餐厅，往往是顾客随机选择了你。因为打折促销，互联网平台上的优惠活动，或是因为门店门口的引导员热情，消费者不好意思拒绝，而随机走进了你的餐厅。

这种顾客是大量随机选择的餐厅，就被称为生意差的餐厅，有些地方又叫淡铺。

而生意好的餐厅知道自己的顾客是谁，知道自己要的顾客是什么样的身份，什么样的消费理念、消费习惯、消费需求、消费动机和消费场景。

于是，生意好的餐厅的老板就可以在门头上展现出餐厅的理念和特色，从而达到选择顾客的目的。

西贝莜面村、眉州东坡、九毛九、太二酸菜鱼、九府羊、山果巷、蕾迪家、小妍子手制酸奶、超能鹿战队、隋炀帝炒饭、仇婆抄手等优秀的企业和我们的学员绝大多数都实现了选择顾客。

我们的学员之所以能够在短短的时间内就能够有大幅的业绩增长，就是因为他们学到、悟到了这个原理，并且大胆地在自己的门店当中实践，找准了自己的客户群。

通过大量的案例，以及他们学习前后经营思路的改变和对比，帮助我再次强化和相信这个答案。

2. 门头的思路就是餐饮店老板经营的思路

顾客怎么选择你，你怎么选择顾客，就在门头上显示。门头是餐饮店老板经营思路的展示。

经常有学员邀请我去店里品尝。我对他们说，我不是美食家，更何况顾客众口难调，不是我说好，就会所有的人都喜欢，或者说你的顾客就喜欢。因此，我无须到你的店里去品尝，你只需要把你的门头和你的菜单拍个照片发给我。我从这两个重要的环节上，就可以大致判断出，你这个老板是不是有经营思路了。

我见过的餐饮店老板有成千上万名，但是事实上他们归结起来只分为两类人：有思路的和没有思路的，有套路的和没有套路的，有竞争理念的和没有竞争理念的。

前者当然都是店选顾客，他们懂得在门头上展现优势，因此都赚得盆满钵满。而后者恰恰相反，就像我前面举的那些例子一样。思路混乱，东拼西凑，东学西学整天忙得要死，业绩却没有增长。

旺铺的老板清晰地知道，谁是他的顾客，知道顾客的消费场景、消费偏好，紧紧围绕着顾客的价值进行策划并落地执行，将自己的特色在门头上清晰地展现出来。

这里我所提到的门头，都是指着广义的门头，也就是顾客在门店周围就能够感受到这个门店的魅力，就能够感受到这个门店的品牌气息。

不懂门头战略的门店，是没有魅力的门店；没有魅力的门店，当然就没有业绩。

3. 生意差的老板的三个思维盲区

第一，他们只知道模仿别人，什么火，就跟风做什么。

第二，他们单纯地认为做好产品就可以了，事实上，他们的产品做得也并不怎么样。

第三，一旦门店的人气不足，要么是乱加产品，要么是打折促销。

在竞争残酷的当下，这样的老板如果不学习、不改变经营思路，都是会被淘汰的老板。

这样就是我说的"不换门头，就换老板"。

再次警告！！！

门店的动作越多，就越乱，员工就越累！做得累，全不对！

没有竞争思路的老板，就是即将被淘汰的老板。

不懂门头战略的老板，无法获得高价值的顾客和高水平的伙伴。

今天顾客见的世面丝毫不比我们某些餐饮店老板少。因此，如果我们做的生意不得章法，他们也很容易能看得出来。所以，高质量、高水平的顾客，是绝不会出现在没有经营思路、运营非常糟糕的店里的。

另外关于人才的问题。经常会有人让我帮他推荐一些人才。我的观点非常简单，对于初创企业和中小企业来讲，老板必须是最重要的人才，因为只有人才才能吸引人才，所以提升自己的商业思维和战略格局，才是招募人才的必要条件。真正的人才不会跟着一个思路混乱的老板。

思考与练习

1）你的门店是顾客选店还是店选顾客？这个问题我希望你真诚和真实地思考并回答。

2）你最渴望服务的顾客是谁？要去做一个典型顾客的画像，越精准越好。

以年龄、性别和职业为标准划分人群，在今天是非常粗放的，比如"80 后""90 后"，男性、女性，大学生，白领，这样划分都太宽泛了。因为所有的"80 后"是不一样的，所有的男性和女性也是不一样的，就更不要说白领了。白领又分为工作一两年的白领，也有工作 5 年以上的白领，他们的收入和消费习惯、消费理念是完全不一样的。

你可以去观察一下，在外婆家门口等位两小时的白领，与在西贝莜面村门口等位半小时的白领，他们有哪些不同。

02

何为烧钱门头，何为吸金门头：你的门头属于哪一种

在第一节我们重点讲了生意好餐厅和生意差餐厅的最大区别，这一节我们就讲讲烧钱门头和吸金门头。你的门头究竟属于哪一种呢？

还记得第一节的重点是什么吗？旺铺和淡铺的重要区别：是店

选顾客还是顾客选店。那么我们如何做到店选顾客呢？简单地讲，就是在门头上把你的理念、思想、差异化展现出来。

1. 何为烧钱门头

烧钱门头就是"顾客选你"。烧钱门头的门店特征就是：你的店里顾客很少，顾客不稳定；来的不是你要的顾客，老顾客很容易流失；店里的新顾客是促销就有，不促销就没有。

2. 何为吸金门头

吸金门头是"你选顾客"。拥有吸金门头的门店普遍的特点是：门庭若市，顾客非常精准，而且老顾客很稳定，顾客认为店铺老板是知己，很少打折，你一上新品就有顾客。

烧钱门头和吸金门头的对比如下（见图2-1）：

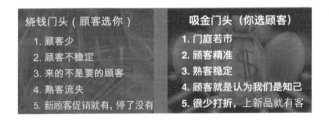

图2-1

下面是我在全国各地的购物中心里面，做市场调研采集到的数据。

在我的手机相册和电脑档案里，有数千张门头的照片。

在一个购物中心里，能够真正符合我讲的吸金门头的为 10%～15%，这也完全吻合真正的盈利的商家大概在 10%～15%的统计数据，也就是我们讲的头部商家。

这些头部商家往往又拥有不错的位置，因为他们能够给商场带来更多的流量。或者说商场的流量给到他们之后，他们有更高的转化率和更高的营业额。

我很少看到一家餐厅的门头做得非常好，也就是我所讲的吸金门头，但是其店内却没有几个人的。同时也很少看到一家餐厅的门头做得非常糟糕，也就是我讲的烧钱门头，但是其顾客却盈门的。

烧钱的门头，如果生意非常火爆，往往都出在街边店，因为可能是已经营了 10～20 年了，在当地早就有了名气，顾客大多数是目的地消费，这另当别论，因为需要花二十年的时间来累积顾客，累积口碑。而在像购物中心、机场、高铁站这种高流量、以流动性顾客为主的商圈，门头获客就显得极其重要了。

因此我得出一个结论：在竞争越激烈的商圈和区域，门头就越重要。

记住,(房租)越贵,流量竞争越激烈,吸金门头就越是成功的标配!

门头有且只有两种,要么是烧钱门头,要么是吸金门头。

在我看来,只要是平庸的门头,都是烧钱门头。

我们每一个老板都应该把做出吸金门头当成自己第一目标。

再次强调:房租占据餐厅营收的 10%~20%,门头占房租的 90%。因此,如果你的门头不能够大量地获客和吸客,你的房租就等于白付了。

当你的房租等于白付时,那么你想想看,10%~20%的营收占比,你的房租支出是你最大的营销支出,结果你却把它浪费了。也就是说,你的成本比你的同行要高很多,你怎么可能获得超额的利润呢?同时你又用什么样的费用去满足顾客需求呢?

对于陌生的顾客来讲,门头招牌没有吸引力,就没有进店率;对于老顾客来讲,门头招牌就是信任度,就是感召力。

3. 门头战略是餐饮业老板必须掌握的第一战略

第一,学会了门头战略,可以帮助你拥有顾客选择权,你就知道了如何去选择你要的顾客。

第二，门头战略让你有了产品的定价权。仔细想想，当你顾客盈门、门庭若市的时候，定价权是不是就掌握在你的手上？因为你可以用价格杠杆来调节你所要的顾客。

优质的顾客从来不担心你涨价，他们总是担心你降低产品的品质。

就像西贝莜面村的创始人贾总所说："钱不够就找顾客要。"这句话是基于他对自己品牌的信心，也是基于他对自己产品的信心。当然，这不是让大家任意涨价，而是让你能根据市场环境发生的变化，有应对的底气。

第三，门头战略让你的员工更有士气，更有战斗力。

门店不怕忙，就怕闲；越忙，员工越有战斗力，越有士气。只要你能够懂得去跟他们恰当地分配利润，员工就会把店当成自己家的店一样去经营。

老板的责任就是要让人忙起来，让店火起来。人忙起来、店火起来，你再设计合理的分配制度，员工的干劲和积极性就被极大地调动起来，你就进入一个良性循环了。

但是有的时候，老板总是把这些事情做反了。当店里面的生意不好的时候，他去设计制度，妄图用制度调动员工的积极性。

永远记住：你是老板，你是创始人，你是最大的投资人，只有你才有责任让这家店火起来。

当你懂得了门头战略，当你拥有了吸金的门头，你收获的就是：你的门店利润比同行更高，你的员工更努力，你会更轻松，从此彻底摆脱低价、同质的竞争。

03

重新认识门头，是老板从忙乱无序到轻松赚钱的第一步

现在，我们开始重新定义门头。首先，门头不单单是一个招牌，门头是广告位置，是流量入口。门头不能吸引目标客户，就是最大的失败。这层意思我们之前反复强调了，不再多讲。

其次，门头是门店品牌竞争的第一阵地。

无论是在街边店还是在购物中心里，当顾客没有进入门店的时候，他只能从门店的形象、门店的旺与不旺来判断他是否该选

择进这家门店。

门店的门头就像两军对垒的阵势,阵势都输了,仗就更没法打了。

你的门头就是你竞争的第一阵地,你一定要让它看上去充满魅力,旺起来。

最后,门头是企业上下一心的企业愿景、金字招牌。

讲到这里我相信有些读者可能会觉得很神奇,认为我这么说可能就过了吧,门头怎么能够到了"愿景"这个高度?

大家看到的这幅图片(见图 2-2)是老字号"同仁堂"的门头。

图 2-2

在同仁堂的门头两边有两条祖训:"品味虽贵必不敢减物力,炮制虽繁必不敢省人工。"事实上,他们还有一条祖训:"修合无人见，存心有天知。"

同仁堂曾是为皇家提供御药的地方。因此药的品质稍有差池，就可能带来杀身之祸，甚至是满门抄斩。但正是因为创业时的这份压力，以及他们的祖训，让同仁堂非常重视产品的品质，才成就了这个老字号。

改革开放的 40 年是我国经济高增长的 40 年，很多早期的商业从业者，事实上并没有真正的企业愿景，只是想着赚钱、赚钱、赚更多的钱。由于那时的竞争没有这么激烈，因此，即便我们马马虎虎地对待产品，马马虎虎地对待顾客，马马虎虎地对待门头，依然能够赚到钱。

但是到了今天，我们可以看到：一方面是整个的市场竞争越来越激烈；另一方面我们整个国家的经济发展也已经到了从追求量到追求质的改变。因此，如果你还是想靠着抄袭、模仿、跟风，简单地做些小生意来赚钱，我认为这个时代已经一去不复返了。

重归商业本质，重塑商业文明。谁先看到市场的变化，谁能够把握市场的潮流，谁就先赢得顾客的心。

因此，重视门头战略不仅仅是为了获客赚钱，打造旺铺，更重要的是为了让我们的企业变得更加有意义。无论这个店大还是小，它的存在都是独一无二的，它只有能够为社会创造价值，为顾客创造价值，为员工创造价值，你才能够获得价值。

我们经常羡慕日本人的匠心精神，其实所谓匠心，都是竞争的结果。人性的特征是能偷懒就偷懒，日本只有一亿多人口，而且严重老龄化，早就进入存量经济阶段。如果没有精进的精神，就没有回头客。而他们的增量又不足，早已经完成了城市化，商圈固定、人口固定，没有回头客的生意必死无疑。最终是市场环境和市场竞争倒逼他们更加重视顾客，更加重视品牌和产品。

我有一个学员，有一次他给我看他的门店图片，因为他做的是外卖生意，而且是纯外卖，所以门店的门头就做得非常糟糕。我说你怎么能够把门头做得如此简陋？他说这是外卖店，没有顾客上门。我说，那你的供应商会不会上门呢？外卖小哥会不会上门呢？你会不会上门呢？你的员工会不会上门呢？

当你和他们每天路过这个简陋门店的门头时，你对这家企业是什么样的看法？企业会有愿景吗？会有正确的价值观吗？能够真正地做好产品吗？当他们看到老板做一家店都做得如此粗糙时，店里怎么可能会做出更好的产品！

这就是同仁堂所说的"修合无人见，存心有天知"。

以前的老字号，每一年都要给招牌重塑金字，甚至要焚香祭祖，以示敬畏之心。而西方的企业，如肯德基、麦当劳、星巴克等，时刻都是要保持门头招牌的清晰度和清洁度的。

反观我们很多门店，字掉了、灯暗了、变色了，却常年不管，只顾着店里的生意。殊不知，你都不相信你这个门头招牌是金字招牌，顾客就更不会相信，自然也不会给你投票。

金字招牌，使命和愿景在门头上的体现，实际是创始人对自己创立一份事业、一个品牌的初心。

今天越来越多的创业者不单纯是为了养家糊口做个小生意了，而是起步就开始有品牌意识。他们开始重视商标注册、重视设计，但是仅有这些形式上的美感是远远不够的。门头要能展现你对消费者的承诺，你带领员工的使命、方向和目标。

没有承诺，顾客不会相信你，被你所吸引；没有方向和目标，优秀的员工和人才团队不会被你感召，跟随你！

毫不夸张地讲，门头就是品牌之魂。

03

> 门头上的每一个字、每一个符号,甚至每一个颜色都是用来获客的,如果不能获客,就是多余的。门店要建立品牌,门头就是一门大炮,而这门大炮能否击中更多、更广的目标,取决于门头上的有效信息,这些有效信息,我称之为"品牌核弹头"。

Chapter
Three

第 3 章

如何打造吸金门头

Chapter Three

门头上的每一个字、每一个符号，甚至每一个颜色都是用来获客的，如果不能获客，就是多余的。门店要建立品牌，门头就是一门大炮，而这门大炮能否击中更多、更广的目标，取决于门头上的有效信息，这些有效信息，我称之为"品牌核弹头"。

01

烧钱门头的五大慢性毒药

门头上的每一个字、每一个符号、每一个装置都应该能够获客，任何不能获客的部分都是负资产，都是毒药。

我首先希望所有的门店老板要牢牢地把这句话刻在自己的大脑当中，刻在自己的行为当中。

门头不是艺术品，不是装饰品，而是门店竞争的生死之地。

我们必须拿出100%的精神、100%的专业度、100%的重视程度来研究它。

在讨论如何打造吸金门头之前，我们先来看看哪些是破坏门头吸客的毒药。

1. 第一大毒药：自嗨式的品牌名

名字是一个战略，也是一种感召。一个好的名字，不仅可以感召顾客，也可以感召优秀的员工。

我们不会随随便便地给自己的孩子取一个名字，小的时候可能会给他取个小名，那是因为大家觉得有小名比较好养。但是到他要去登记身份证、户口的时候，我们都会非常认真地给他取个名字。过去的大户人家还要去算生辰八字，查祖宗家谱。

那么，我们所经营的门店，或者说我们所经营的生意，其实就是我们的另外一个孩子，怎么可以给它取一个很随便的名字呢？

我们曾经有一个学员，她开了一家面馆，她的朋友跟她说，你开什么破面馆呀？她心里面暗暗较劲说那我这个面馆就叫"破面"，于是她就给自己店的名字取名叫"破面"。

当然大家可能会说，不是还有"丧茶"吗？所以叫"破面"又有什么不可以的呢？

"丧茶"也好，"破面"也罢，这种名字都是风尚化的名字，可能因为击中了一个时代中某些人的情绪，被社交网络推火，但是火不了多久。而且这种虚火存在大量的偶然性，甚至一些不为人知的幕后推手在操作，只是你看不到而已。所以，你把其火爆归因为有一个很"丧"的名字，就被肤浅的表面现象给迷惑了。

而发生在这位学员身上的事实真相是，很少会有人选择去一家叫"破面"的地方吃一碗破面，所以他的生意是可想而知的。

名字不是开玩笑的，而是品牌的总和。顶尖的战略咨询公司，会把50%以上的精力花在对客户名字的研究上，一旦这个名字无法很好地起到获客作用，就一定会建议咨询客户改名。

今天中国中式快餐连锁门店最多的品牌叫老乡鸡，它的原名叫作肥西老母鸡，其创始人束总在10多年前就用数百万元请了一家知名的定位咨询公司，这家咨询公司给了他两个策略，其中一个最重要的策略就是改名。

肥西是一个地名，出了安徽省很多人就不知道了，而且名字里有个肥字，卖老母鸡很合适，但给快餐厅命名，就不太合适。

而老乡鸡这个名字可以说是一名值万金。

简洁，容易理解，容易记忆，容易传播。更重要的是它自带信任状出场，关于信任状，我后面会专门去阐释。也就是你看到

第 3 章
如何打造吸金门头

这个名字,就感觉它的鸡不是一般的洋鸡而是土鸡。

我经常在想,中国川渝两地有一个知名的快餐品牌叫乡村基,如果它当初的名字叫乡村鸡,恐怕就没有现在的老乡鸡什么事儿了。

要知道鸡肉可是全世界最广的食材,肯德基、正新鸡排、华莱士快餐……这些动辄数千家甚至上万家门店的品牌,都出在鸡这个大的品类赛道里。就连卖牛肉汉堡的麦当劳,到中国来也要增加"鸡"的品种,可见中国人更爱吃鸡。

所以说,名字绝对是一个战略。

我们还有一位学员取了一个名字叫"dear chiffon",这家店在东莞也是一家网红店。

创始人是一对留学归来的夫妇,他们非常善于做产品,而且由于见的世面多,他们的店也非常好看,环境特别适合聚会拍照。

外人可能都觉得他们的店太棒了,但是事实上作为创始人来讲,他们觉得这个名字其实是当初自嗨的结果,因为他们在给别人介绍的时候,以及他们的顾客再介绍给其他顾客的时候,都很难传播这个名字。

后来他们根据我的建议选择了一个简单的名字"美子家",美子本身就是创始人的昵称,又有着很好的寓意,而仅仅是更换了一个中文名字,店的营业额就增长了20%以上。

名字取了不是给自己用的,而是给顾客用的,更重要的是给顾客介绍给顾客时用的。

再次强调名字是品牌的战略。

好的名字要简单易记,好传好用。一流的名字要暗示品类、自带信任状出场。

所谓暗示品类,就是你一看这个名字就知道它是卖什么的。例如,老乡鸡、周黑鸭、百果园。

这样的名字百里挑一、非常难得,但是一旦你起了这样的名字,不知道要为你省掉多少广告和传播的费用!

我们再来看看乡村基,你就很难从这个名字上判断出它是卖什么的。相比较老乡鸡而言,它就需要花费更多的传播成本。

至于那些自带信任状出场的好名字,那就是万里挑一了,例如,老乡鸡、未来食。

☆ **案例一**

这张门头照片(见图3-1)是我在北京一个非常棒的购物中心里拍的。

第3章
如何打造吸金门头

图 3-1

站在远处的时候,我以为这是一家卖花的或者是卖艺术品的店。走近一看,店名叫"巨说还不错"。

不进店或者是不懂英文的人,是完全不知道这家店是卖什么的。

我查了一下美团点评,发现原来它是跟胡桃里一样的音乐餐厅,据说也是明星开的。

美团点评里面评论它们家是川湘菜,做得还不错。很遗憾我们多次在这个地方进出,但是从来没有去吃过。

因为它的门头让我们每次路过都忽略了它,我无法从它的名字上判断我是不是它的目标顾客，它提供的产品是不是我要的。

所以，名字取对了，就能吸客、留客；名字取错了，就在排斥顾客。

错误的名字，是错误的开始；优秀的名字，是成功的开始！

麦当劳创始人麦当劳兄弟曾经问过克洛克[⊖]，你为什么不自己创立一个叫"克洛克"的快餐连锁，你已经掌握了麦当劳所有的秘密，所有的运营体系。

克洛克回答说："不，克洛克绝不会火遍美国、火遍世界，而麦当劳可以。我第一次看到这个名字，就像触电一样，我就能想象它将被我带向全美。"

2. 第二大毒药：自杀式的品类

很多人还不知道什么叫品类，简单地讲，品类其实就是：你卖的是什么。

关于品类，我在门头战略课程里会有很详尽的描述，它是我们开创品牌必须了解的一个要素。品类就是你生意的赛道，赛道

⊖ 克洛克本人是麦当劳最早的代理商，后来通过各种竞争手段从麦当劳兄弟处买回麦当劳品牌，成为麦当劳品牌真正的拥有者。——作者注

第 3 章 如何打造吸金门头

的选择，决定了你的生意规模，也决定了你的竞争对手。

自杀式的品类一共有三种：第一种叫作自嗨式的品类，就是我们完全看不懂，跟自嗨式的品牌名一样。第二种就是极其小众的品类，它的问题就是做不大，或者说顾客群稀少，很难获客。第三种就是在烂大街的品类中纠缠，这样你就走不出来。

我分别举一些非常真实的案例来说明。

我们有一位学员，他在来上课的时候，做了一个自杀式的品类，叫"舒食有机火锅"。

你们能够看懂什么是"舒食有机火锅"吗？你们会去选择一家叫"舒食有机火锅"的店吃饭吗？或者说你们看到这个名字的时候会联想到什么？

这个学员非常有意思，他很早就报了我线下的课程，但是因为开店特别忙碌，所以一直拖了大半年都没有来上课。

等到他来上课的时候，我才发现他的店已经损失得非常惨重了，每天的营业额极其惨淡。于是他焦头烂额地在店里做各种各样的促销活动，但是毫无效果。

因此当他来上课的时候，我就跟他强烈建议，一定要把这自嗨式的品类换掉。

因为这位创始人是做有机蔬菜的,非常有情怀,已经要在国内推广他的有机蔬菜了,所以他就做了这个"舒食有机火锅"。

这是一个典型的由内部思维导致的错误,就是他没想到有什么样的顾客需要这样的产品,而是说自己要推广有机蔬菜,所以就得做一个有机火锅。

通常人们听到"有机"两个字,最直接想到的不是健康而是"贵",另外一个在脑海里面出现的概念就是怀疑,你凭什么证明你自己是有机的?

所以当我们看到一家店的门头上写着"舒食有机火锅"的时候,一定会想这家店非常贵,而且他把这家店的装修做得非常高大上,顾客就更不敢进去了。

真实问题非常简单,就是他选择了一个自嗨式的品类,结果是他不在这个问题上找原因,却要去做各种各样的动作,然后又做各种各样的买赠促销,那么人们就更加怀疑,这个"有机"是否是真实的有机。

当然,有机火锅本身的顾客需求也非常少,同时他还不是在一线城市,是在一个应该算是四、五线的城市里。

当选错了品类,仅仅是这样的一个问题,就断送了这家店的前途,老板再怎么努力也是枉然了。

另一个案例是"板皇自煮"。

你们看不懂吧？我也看不懂这是什么。这位创始人已经是一位有十几年创业经验的餐饮业老手了。

当他跟我提到这个品类的时候，我就问他，你这个店为什么这样命名？

"板皇自煮"其实就是大的铁板饭，只不过别的铁板饭是店员做好的，这个铁板饭是要顾客自己操作的。

我说那你就叫自助铁板饭（烧）就可以了。为什么要取一个这么奇怪的名字？从字面上无法理解。

这位创业的老手非常有智慧，他在开这个店的时候就来上课，并且主动向我请教，从而避免了一次自杀式的创业。

我在授课的过程当中也发现，越是老手越谨慎，越懂得向专业人士请教。他们非常害怕掉入自我认知的陷阱当中。而恰恰是一些新手，却特别容易固执己见，原因是老手被市场教训过，而新手还没有在市场上跌过跟头。

若论起危害程度，自杀式的品类远远超过自嗨式的品牌名。

因为当别人完全看不懂你卖的是什么的时候，根本不可能去选择，店里的生意也就可想而知了。

还有一些极其小众的品类名称，例如"草本麻辣烫"。这个名字看上去就会觉得有浓浓的药味。我觉得无论是泰式麻辣烫还是咖喱麻辣烫，都远远超过这个"草本麻辣烫"。

这都是完全不懂品类分化的规则和命名的规则所犯下的错误。

小众的品类，往往客群太小，导致在一个固定商圈里缺乏一定数量的顾客来养活门店。餐饮业的门店生意和电商不同，覆盖半径有限，这是很多初次创业者甚至很多老手都会犯的错。选择了过度细分的小众品类，往往是造成门店死亡很大的因素。

最后一个就是烂大街的品类。

什么叫作烂大街的品类？就是满大街都能看到，如重庆小面、重庆老火锅、成都老火锅、小郡肝串串。

如果你是所在地区的第一个，或者是前两个开这样店的老板，你可能还有一些生意的机会。如果你看到整个地区已经有数家、甚至是数十家同品类的店，你就要谨慎选择了。

这种烂大街的品类往往还有一个特点，就是它的爆发性非常强，往往短短的一两年在全国能开出数万家店，然后就弄得一地鸡毛。

如果你不幸跟风比较晚选择了这些品类，那么你很难做到区域的前一前二。当这些品类的势能下滑、风潮褪去后,你门店的业绩也将岌岌可危。

恰恰中国的创业者最喜欢跟风,也最容易掉入这个陷阱当中。

烂大街的品类杀伤力最大,也是中国目前最泛滥的现象。

这和近年的跟风式餐饮创业分不开:

第一,中国餐饮品类丰富度虽然远远超过西餐,但是也招架不住数百万名餐饮业创业者进入。

第二,大的品类数量有限,餐饮的产品又最容易复制,所以必然导致一窝蜂、烂大街。

第三,贪大求快是人的天性,真正能够逆向思考,不人云亦云、不跟风的人都是少数,而恰恰成功者也是少数。

但是总有好的品类没有被真正挖掘,下面我讲讲我的一位学员的例子。一位学员在重庆从事餐饮业多年,也曾经深陷在"重庆小面"中进退两难。

2017年起开始餐饮业出现小面品类困境:

首先,品类过热是品类的灾难。

自2015年起刮起一股小面飓风,美食纪录片《舌尖上的中国》

第二季的热播，让小面这种重庆人家的平常食物成为一种风尚，而"缘来非诚勿扰"的主持人孟非又多次在栏目中力荐重庆小面，并言称开一家小面馆是他最大心愿，小面就一下子火了。

最火的时候，中国有十万家以上的小面馆，成为继沙县小吃、兰州拉面、黄焖鸡米饭三大国民快餐之后的第四大国民快餐品类。

2014年，"遇见小面"的创始人宋奇在两次餐饮业创业受挫后，选择了重庆小面，居然很快就获得投资人青睐，让这个街边小食登上大雅之堂，走进广、深两地最火爆的购物中心，成为白领最爱的快餐品牌。

但与此同时，全国无数人涌向重庆，寻找配方、寻找加盟，更多人是抱着小面火了好赚钱的想法，开始了小面创业，不到两年，小面就成了烂大街的品类，并且呈现了风尚化、流行化、低端化的特征。这种全民一窝蜂式的创业风，是对品类最大的伤害，在短期内迅速消耗掉这个品类的势能。

消费者还没来得及养成吃小面的主流消费习惯，就在几次尝鲜后快速抛弃这个热门网红食物，去追逐下一个风潮。

其次，根深蒂固的认知是地缘品类发展的牢笼。

重庆街头到处都是小面，数万家小面馆成为重庆市民生活不可分割的一部分。

对于重庆人民来说，街头小面就是一个接地气、重口味的食物。而要重塑品类，必须是打破品类原有认知，重新构造品类场景。

把麻辣烫做到全国的不是四川人，而是东北人；把毛肚火锅做到闻名全国的不是四川人，而是河北人；凭借重庆小面拿到风险投资的不是重庆人，而是东北人。

一些地缘品类、地方名小吃之所以走不出家门，根源就是本地人对品类根深蒂固的认知。

要地道、要正宗、要便宜、要量大，品牌没那么重要，口味最重要。

重庆小面作为当地人已经熟悉得像家人一样的小食，早已经成为他们生活的一部分。

重庆每年都要评比十大小面品牌，虽然仇婆小面也是其中之一，但是只要还死守正宗、死守重庆，就永远只是一个地方的特色品牌而已。

最后，重塑品类是最高难度的动作。

一方面，除非走出重庆，否则小面就是重庆人认知中的小面，任何创新都会被认为不正宗、不地道。另一方面，遍布全国的小面店，已经把这个品类认知固化：固定的价格区间、固定的表现形式、固定的搭配组合。

即便如"孟非的小面"，在重构了环境和出品形式后，小面的价格与日式拉面齐平，当孟非的粉丝消费过后，小面馆依然被他们批为不接地气。

出品、服务、环境，哪一个环节是重构小面的突破口，这对仇婆小面的当家人是一个挑战。

一旦一个团队深陷在这种烂大街的品类中，除了极少数品牌可以借助新的高势能封闭渠道（购物中心、机场、高铁站），重新定位新客群、重塑品牌形象以外，绝大多数品牌都会被禁锢在这个品类的发展中。

类似的品类还有满街的小郡肝串串、美蛙鱼头、重庆老火锅、四川老火锅等。

最终，仇婆小面的团队根据我的数据分析和判断，以及对品类赛道的研究，放弃了重庆小面，转为仇婆抄手，迅速成为重庆抄手的第一名，不仅仅团队发展挣脱瓶颈，更是被当地电视台和中央电视台二套节目报道。

注意：抄手原本就是仇婆小面的辅助产品，这个产品在店内的销量排名第二，在更换品类赛道后，又重新升级了产品和调整了产品结构。

仇婆小面这个案例具有以下几个典型意义：

1）十年小面创业，仇婆团队没能做到当地的数一数二，这说明整个团队错失了小面的最佳发展机遇。

2）抄手品类实际上是比小面更加有优势的品类，类似的如吉祥馄饨在全国都是有数千家规模的连锁品牌，而抄手以更具侵略性的口味，更有机会走向全国。

3）在重庆，甚至是四川市场，根本没有具有影响力的抄手品牌，传统的老字号除了在旅游景区、商圈赚消费者一次性消费的钱外，势能早已下滑。因此这个市场存在巨大的机遇。

那么为什么这么大的市场机遇，这么优秀的品类无人关注呢？这就是大多数人都喜欢跟风、凑热闹、追风口导致的，所以真正能赚到钱、建立强势品牌的反而是那些人们没看到的冷门。恰恰当时的冷门，是未来的热门；今天的热门，就是不久的冷门。

3. 第三大毒药：无效的战斗口号

战斗口号，指的就是我们常用的广告语。

我之所以更喜欢用战斗口号这个定义，是要再次强调"定义即意义"。

广告语总给大家一种自吹自擂的感觉。

而战斗口号的含义则丰富得多，它告诉我们这句话是用来获取消费者的信任，获取消费者的好感或者心智的。

同时从某种意义上来说，战斗口号还是向竞争对手吹响的冲锋号和发起的挑战。

因此，一个不能获客的战斗口号是无价值的。

你能想象在战争的过程当中，我们的冲锋号是软弱无力的，是无病呻吟的，是自吹自擂的，是自我陶醉的吗？这对战争来说毫无价值，甚至是自取其辱，自取灭亡。

商场如战场，同样在商业竞争当中，我们的每一句战斗口号都必须直指人心，夺取心智，争取顾客！

战斗口号就是商家的特质，你必须用一句简明扼要的话清晰地表达出来你的差异化。

根据我近 20 年的广告从业经验，我在街头上看到过许多无病呻吟、自我陶醉的口号。不要说餐饮行业门店的经营者，即便是一些世界 500 强、中国 500 强的企业经营者，他们依然会使用一些毫无价值的口号。

但是他们有雄厚的实力、资本来推广品牌，因此即便他们的战斗口号没有战斗意义，但依然不影响他们经营。

只是我们中小企业创业者，尤其是个人创业者，资金有限、资源有限、实力有限，对我们来说一个具有战斗力的口号就非常重要。

如果你本身就没有实力，本身就不是一个大的品牌，你都不能够用一句话把自己的特色、把自己的差异化表达出来，又凭什么在众多的竞争对手当中吸引消费者的目光呢？

很遗憾，我看到很多普通的店铺去模仿超级品牌、模仿大品牌所使用的那些无效的口号，就像是普通家庭的孩子却要学习"富二代"的做法一样。

这是非常可怕的！

有一位学员在南京经营甜品，找到一家当地知名的广告公司策划了一个口号"爱与甜蜜在一起"。这样的口号看上去很美，但却无效。因为这个口号可以用在花店、蜂蜜店，也可以用在任何甜品品牌，属于通用型口号、形象型口号。这类口号适合知名的全国性领导品牌，因为领导品牌往往成功引领市场十年、二十年，更倾向于打情感牌。但是对于一个区域品牌来说，这样的口号就是"花架子",很好看,但既不能获客,又不能表达出品牌的差异化。后来我查了一下,美国有个知名的甜品品牌叫"Lady M",她是美国近年来最红的一个轻奢甜品品牌,广告语(战斗口号)是"分享甜蜜,分享爱"。(share cake, share happiness)

原来这句口号的出处在这。

没有受过专门的广告、品牌策划训练的创始人,往往无法判断第三方策划公司给你的策划案:第一是否原创;第二是否有效。这里我给大家讲一个原则及三个标准。

一个原则就是:不能获客的广告语(战斗口号)就是浪费资源、浪费时间、浪费钱。

三个有效的战斗口号的衡量标准,也就是你可以通过这三点来判断你的战斗口号是不是真实有效的:

第一个衡量标准叫作"消费者传不传"。

战斗口号和品牌名、品类名一样,每一个概念都是用来给消费者用的,而不是给自己用的。

消费者传不传播你这句话,就等于是你的战斗口号能不能够在无数的消费者口碑当中自动自发地裂变升级。

其实这是行业内的一个秘密,也就是说广告语其实就是设计的一句给消费者的话,让消费者用这句话去传播我们的好处。

我经常在美团点评上看消费者对商家的评论。如果一家店消费者的评论是五花八门的,也就是说张三说它这点好,李四说它那点好,那说明这家店的特色不明显,消费者找不到重点。

如果我们能够懂得设计,依据品牌的差异化价值,来提供给消费者一个口语化的传播,那就变得非常有价值。

例如,巴奴毛肚火锅的"服务不是巴奴的特色,毛肚和菌汤才是"。

这句战斗口号据传闻是从消费者口碑中总结出来的,如果要给这句战斗口号评分,我给它打满分。

第二个衡量标准就是前端的销售员或者服务员,他们说不说,或者是他们用不用。

一句战斗口号,如果前端的销售人员或者是服务人员都不使用,或者是不屑于使用,那么这句话就是无效的。

对于一家线下的连锁餐厅而言,或者是一家线下的连锁门店而言,我们可能有成百上千甚至是上万名销售人员或门店人员。每一天他们要重复对消费者说数万句这样的销售话语,或者叫话术。如果这些战斗口号或者话术是无力的,是没有能够获取消费者心智的口号。我们想象得到这家店的效率会是多么的低下，它的生产力是非常低的。

我举两个例子。

一个是"怕上火喝王老吉"。

这句战斗口号实在是太可怕了，它不仅每天通过电视大众媒体在传播，在终端的销售人员也可以对顾客说。你设想一下，在一家火锅店或者是烧烤店，顾客跟服务员要一罐饮料，可能是可口可乐、雪碧。但这时服务员跟顾客说"怕上火喝王老吉"。这一句话就把这个顾客搞定了。

北京还有一家著名的餐饮品牌旺顺阁鱼头泡饼，也曾经花费数百万元，请一家定位咨询公司帮助找寻这样的战斗口号。

最后他们在前端的核心销售人员那里获得了一句"鱼头越大越好吃"。因为这个销售人员是他们的销售冠军，每一次顾客来点菜的时候，他总能把最大最好的鱼头推销出去。后来通过深度访谈发现，他使用了一句神秘话术，就叫"鱼头越大越好吃"。

你设想一下，在旺顺阁数十家门店、数百位的前端服务员中，如果每天他们跟顾客讲"鱼头越大越好吃"，他们每天每月每年所增加的销售额将是多么的可观！因为这句"鱼头越大越好吃"，就会卖出更多、更大的鱼头。

因此，不能产生销售力的战斗口号，就等于是在浪费企业的金钱，浪费企业的生命，浪费企业的发展时机。

最后一个衡量标准就是：竞争对手恨不恨？

要做到这一点，这样的战斗口号其实是非常无敌的，也是凤毛麟角。

在《中华人民共和国广告法》里，做广告不允许做明确针对竞争对手的广告。

相比较而言，美国是有很多直接针对竞争对手的广告，例如"七喜"的"非可乐"，百事可乐的"新一代的选择"。

我讲两个经典的案例。

一个案例就是很多年前真功夫针对麦当劳和肯德基的战斗口号——"营养还是蒸的好"。

大家都知道肯德基和麦当劳属于油炸类的西式快餐食品。那么，真功夫"怼"他们的"油炸"采用的是"蒸"这个中国人认为最保存营养的烹饪工艺，并且用一句简单的"营养还是蒸的好"既表达了自己的差异化优势，又暗示了对方油炸食品的不健康，这在当时是非常有杀伤力的口号。

另一案例就是我前面提到可以打满分的战斗口号。"服务不是巴奴的特色，毛肚和菌汤才是"。我们知道这句战斗口号是巴奴毛肚火锅针对海底捞的服务而提出的。凭借着这样一句战斗口号，曾经名不见经传的巴奴毛肚火锅，居然可以在郑州市场上跟海底捞较量，最终与海底捞共同成为郑州火锅市场的两强。

可以这么讲，这句战斗口号的确让海底捞恨得牙痒痒，但又无话可说。

所以，一句好的战斗口号是价值连城的。

我告诉大家的这三个衡量标准，如果用心的话，你们也会发现这也是好的战斗口号的出处：它们分别是出自消费者的口碑、终端销售人员的超级话术，以及竞争对手优势的对立面。

这个部分非常重要，它告诉我们如何进行衡量。因为如果没有标准，我们是不知道我们的广告或者战斗口号是有用还是无用的。最终就变成是老板喜欢，而不是顾客喜欢。

我们只要循着这三个标准用心思考，就能找到符合企业实际的战斗口号。

下面这三个案例都是我和我的学员做出的战斗口号。

第一条："无规划，不菜单"，这是我帮助"王小白菜单规划"

做出的一个战斗口号。只有6个字,而且非常口语化。

我们用刚刚讲的那三个标准来衡量这个战斗口号:

第一个标准就是顾客用不用。

事实上设计这句话是给学员用的。

我们不仅是用这一句话来打开学员的心门,同时当他们掌握了菜单规划的奥妙之后,他们帮我们去推荐学员的时候,只需要说一句话就行了:你的菜单这么乱,还不赶紧找王小白老师规划一下,"无规划,不菜单"。

好的战斗口号就是重点、效率、速度。一言不中,千言无用。

第二个标准就是"销售员用不用"。当然我们没有销售人员,我们所有的学员都来自于转介绍和学员的口碑。但是我们的文章、我们的图片、我们所生产的内容,都是我们的销售人员。在这些内容里,我们无时无刻不在用"无规划,不菜单"来传递我们的理念。

从每期课程的报名情况,以及各大连锁品牌都纷纷选择王小白老师的课程来看,说明这句话有效。

第三个标准就是竞争对手恨不恨。

"无规划,不菜单"这句话其实针对的是传统的菜单设计公司。原先的菜单是没有规划这一说法的,大多数门店都是老板找到设计公司,让设计公司给拍得好看一些,设计得好看一些,印刷得好看一些。

那么,我们对立于"设计",就用了"规划"这个词。

很多城市都有规划设计院,因此大家都知道,规划在设计之前。

"无规划,不菜单"这短短的6个字,就简明扼要地传递了我们的品牌思想和独特的产品价值。

如果我给这句战斗口号打分的话,应该也是100分。后来我看到很多模仿这个句式的战斗口号出现。

但如果你不掌握这个原理,单纯地抄袭和模仿是没有效用的。

第二条:我的门头战略的战斗口号"不换门头,就换老板"。

这句战斗口号已经成为中国很多餐饮业老板的口头禅。已经有太多的学员跟我说,他们就是因为看了这句话,被这句话所影响,而报了我的课程。

"不换门头,就换老板"除了体现出刚刚讲的三条标准外,更核心的是它调用了顾客潜在的心智联想。在现实生意中,确实是你不换门头，不改变经营思想，就会有人帮你换门头，那个人就是别的老板。

所以，"不换门头，就换老板"起到了提醒和警示的作用，无须说明就能把顾客打动。

最后一条是我的一位学员所做出的战斗口号。

首先，这位学员只有小学文化水平。他参加我的线下课程之后，回去琢磨了一个多月，就做出这样的调整："7天一周期越吃越瘦"。他销售的产品品类是健身减脂餐。他的品牌名叫超能鹿战队。

他来上课之前，其实卖的是沙拉，也就是在无数的沙拉店里的一个新品牌沙拉店，完全主打外卖。

据其创始人穆子龙反映，他来上课之前，店已经行将倒闭，连学费都是借来的。

在上了我的线下门头战略的课程之后，他回去调整了品类，把它改为健身减脂餐。

"7天一周期越吃越瘦"这句话其实非常巧妙。我们都知道沙拉也好，减脂餐也好，它的最大缺点就是低频消费。

而一个低频消费、客群窄的生意是很难赚到钱的。这就是为什么绝大多数沙拉店即便拿了巨额投资,都经营惨淡的根本原因。

但是这句"7天一周期越吃越瘦",等于把它当成套餐去卖。这样的话暗示消费者,你要么不订,要订就订一周,要吃就吃一周。

事实上,我们都知道,如果一个人严格地一周只吃健身减脂餐的话,他或多或少会减掉一些体重。

对于这样的消费者而言,他们一旦看到了体重下降,就会强化自己的信心,更加积极地去订餐。

因此,这个品牌的复购率是60%以上。很快这个店就大赚特赚,并且在短期内开出很多分店。

这个战斗口号有一点广告政策风险,我告诉他如何调整得更有效,不过,我就不在本书里公布了。

以上三个真实鲜活的案例都是遵循了以上三个标准的。

讲到这里你就会发现,无论是品牌名、品类名,还是战斗口号,都是用来获客的。所以,我再次强调,门头上的每一个字都是用来获客的,不能获客,就是无效,就是毒药。

还是那句话,中小企业的资源和资金有限,一定要追求实效,不搞花活。

4．第四大毒药：跟风式的信任状

信任状就是反映品牌厉害程度的证明，又被专业人士称为"何以见得"。信任状的作用是强化消费者选择你而不选择竞争对手的理由。

那么，什么是跟风式的信任状？

很多创业者在创业的时候，都是知其然而不知其所以然，所以当他们去做信任状的时候也是一样，有很多老板自以为聪明，满大街去抄袭。甚至有的时候，他们把我在讲课的过程当中讲的别人的案例直接照搬。

这里我想重点说一下，一个人如果经常喜欢盗版，经常喜欢抄袭他人，那么他的人生和他的生意也经常会活成盗版。

我在近 20 年的广告生涯里，从来没有见过任何一个行业、任何一个领域，有人通过抄袭、盗版、模仿他人，而获得长久的成功的。

我们同样看到满大街的"××品类领导者、开创者"。真相是他根本就不是开创者，只是抄了别人这句话"××产品销售 10 万碗，××地区更受欢迎的品牌"。当我们不掌握广告背后的原理时，只是盲目地抄袭他人，模仿他人，不过是东施效颦罢了。

因为，你根本不知道，哪一句信任状对你来说是更有效的。

信任状一共有三个层级，分别是消费者证明、自我证明以及权威证明。

"消费者证明"很容易理解，就是我们讲的消费者口碑。比如，我们看到在电商当中的评论，以及在美团点评当中的评论，还有在社交网络上消费者写的点评，基本都是消费体验后的真实评论。

消费者口碑有非常重要的价值，因为它是第三方证明，但是如今它也有它的缺陷。因为尤其是在互联网上，无论是在电商领域还是在美团点评上，事实上都还是存在刷榜和制造假评论的现象。

所以，对于消费者口碑而言，最重要的就是真实性。

第二个就是企业的自我证明。

对于餐饮企业而言，我觉得有两种自我证明是非常棒的信任状。

第一种就是火爆的生意，也就是门前排队。消费者认为，越是排队的生意，就越证明他们家吃的人多，同时他们的食材也更加新鲜。排队是门店最好的信任状。

第二种就是明厨明档。你们会发现近年来越来越多的品牌采用明厨明档的方式。因为有一句话说得好，眼见为实。

我如何证明我使用的食材新鲜，我用的油是更好的油，水是更好的水？与其跟顾客讲100遍，不如让顾客在明档上看到。

所以，你们看到如今无论是西贝莜面村、喜家德虾仁水饺、巴奴毛肚火锅，还是老乡鸡，它们都在这样做。

有一点我要提示大家，不要以为顾客都知道。有的老板很吃亏，默默做了很多，但是不知道展示给顾客看，顾客就无法感知。

最后一个是权威证明。

权威证明事实上是非常有效的。比如明星代言人，比如媒体的报道，尤其是强势媒体的报道，高规格、高级别的评级机构给企业发的证书，类似于米其林餐厅、黑珍珠餐厅等。

下面介绍一个封杀品类的信任状：王小白菜单规划。

王小白，国内首个菜单结构规划师。

贡献全网95%的菜单规划原创文章，开创"菜单结构规划"体系。

菜单学核心发起人,中国餐饮前 20 强首选菜单规划师。

美团点评餐饮学院 TOP 人气讲师(见图 3-2)。

图 3-2

专研菜单规划领域,建立菜单盈利规划体系,帮助众多餐饮企业规划出"顾客更轻松点餐、老板更轻松赚钱"的好菜单。

达到快速降本增效,大幅提升利润。

90%的学员来自转介绍,凭借好口碑吸引海底捞、西贝莜面村、眉州东坡、九毛九、老乡鸡、五芳斋、巴奴、同庆楼等近 500 家优秀企业学员。

这是我帮助"王小白菜单规划"做出的一组信任状。前面讲到的品牌名、品类名、战斗口号,都只有一个,但是信任状可以有一组。一个品牌如果能够积累一组强信任状,就可以有巨大的威力,吸引最优质的顾客,达到封杀整个品类的作用。

5. 第五大毒药:画蛇添足的标识

有一个非常神奇的现象:任何一个人要想创办一家公司,首先都会想到去设计一个标识。

以至于中国有一个大的互联网平台叫猪八戒,它早年就是靠帮助小公司设计标识起家的。

我们往往觉得如果我们没有一个标识,好像就不像是一家公司。

这个错误我也曾经犯过。

标识本身是一个舶来品,所以我们看到很多的标识都是英文和一些象形符号。

西方的文字不像汉字,我们是表意文字,又叫象形文字,西方的文字是表音文字，又叫拼音文字。

也就是说你单纯从英文字母能够判断它如何发音，但是看不出它的寓意。同时英文字母很容易混淆。因此，西方人设计一个标识就变得便于识别。但是，我们汉字本身就是象形文字，起源于甲骨文。也就是说我们的汉字，就是符号的一种。

因此，如果不是视觉锤，绝大多数的标识，不设计也罢。

同样的，对于知名大企业而言，它有资金和实力去推广它的符号和标识。而对于中小企业而言，尤其是初创企业，单纯让别人记住你的品牌名称，就已经非常困难了。别人哪有兴趣、哪有时间、哪有空间在大脑中存储你的标识。

因此，最简单的方法就是找个设计师，在原本汉字的字形上做优化，也就是个性化字体的设计。

我经常看到餐饮老板，甚至包括我的很多学员，他们在没有听我的课之前，花过 10 万甚至数十万元，请一些专业的设计公司来设计标识，设计 VI。这是损失资源和消耗资金的行为。

同样的，VI 是成熟企业的行为。因为当企业规模大了之后，为了便于统一形象管理，对外传播，所以需要科学的、标准的 VI 识别系统。而对于初创品牌而言，资金有限，资源有限，实力有限，最重要的事情是要把钱花在刀刃上，赚钱才是硬道理，活着才是硬道理。一切不能获客的行动都是自杀！

人其实是非理性的动物，我们往往认为自己是理性的。事实上我们很多的行为是看别人怎么干，我们就怎么干。他们很容易被周围的环境和他人的行为而影响。而恰恰创业是一项严肃科学的事情。尤其是到了竞争激烈的今天，更需要我们有科学的创业观和品牌观。

我想如果大家重视这个章节，就可以帮你省掉很多不必要的费用。我有一个学员，在标识上花了很多钱，加上设计公司抄袭，最后他和设计公司之间还要打官司。

我给他的建议是：一个初创品牌应该把精力、时间和金钱花在能够快速地获取客户的行为上，你有这笔钱、这个精力还不如去用心做好市场调研，做好客户的画像。

毕竟你搞清楚你的客户需要什么，喜欢什么，才是价值所在。

失之毫厘，谬以千里。

以上就是门头上的五大毒药，事实上，这五个细节很少有人注意。

你们知道为什么电商——也就是在线的业务——总是能够不断地迭代和发展吗？

因为线上的每一个行为都可以留下数据和轨迹，一个懂电商运营的人，他通过每天流量数据的变化，以及每一个细节的调整所带来的用户反馈，就能不断地精进和迭代。

1.01^{365}，如果你看过这个数值，一定会知道，365天每天精进一点，一年居然可以取得37.8倍的增长，最后的结果是巨大的。

相反，如果你看过另外一个数值 0.99^{365}，也就是我们每一个地方有一点漏洞，经年累月，居然只剩下 0.03，我们最后的损失也是巨大的。两者相差1000多倍。

优秀的企业总是在注意每一个细节。

事实上，我在跟这些优秀的企业家交流的过程当中，就发现他们对我的观点非常重视，同时也在依循这些专业知识不断地优化自己的品牌。

我想这就是他们之所以成为优秀品牌的原因吧！

02

吸金门头的四大核心要素

在第一节我们讲到门头上的五大毒药,如果你不吃这五大毒药,相信你的品牌就已经超越了 90% 的同行。

如果你仔细观察,事实上你的品牌也就包括这四个核心要素,分别是品牌名、品类名、战斗口号和信任状。

我把它们这一组要素称为品牌核弹头。

对于线下的门店来说,你就是要用各种方法来组成你的品牌核弹头。

因为今天是一个碎片化信息的时代。每个人在每时每刻都被各种各样的信息所干扰。如果你的门店信息不能够有效快速地进入消费者的大脑,就会被淹没在这些碎片化的干扰信息中。

这四个要素组合在一起,分别回答了"你是什么?有何不同?以及何以见得?"

这也是我们专业上所讲的品牌三问。

一个品牌如果不能够回答品牌三问,事实上就没有办法在消费者心目当中完成自我销售,那么,无论在什么样的媒介传播过程当中,你传播的信息都很难有效。

之所以我把它称为门头战略,或者说它是门头战略的重要组成部分,还是回归到线下的商业特征。门店,本身就是一个广告位置,同时,门店很少有投放广告的预算。

因此,在门头上解决品牌三问,组成有效的品牌核弹头(见图 3-3),就显得尤为重要。

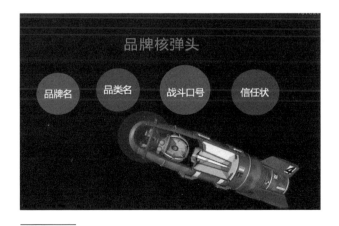

图 3-3

我们可以使用文字、图片、视频、明档等一切手段来构建品牌核弹头。

绝大多数人很难做好品牌核弹头,因为很少有人真正受过专业的训练。此外,品牌核弹头的难点还在于以下三个一致性。

(1)品牌核弹头四个要素的前后一致性

也就是品牌名、品类名、战斗口号、信任状讲的是一个完整的故事,阐述的是一个完整的购买理由。例如:

余奕宏;门头战略开创者;帮助 500 家餐饮企业打造吸金门头。

巴奴;毛肚火锅;服务不是巴奴的特色,毛肚和菌汤才是;更火的火锅,排队的人更多;越懂火锅,越爱毛肚。

而大多数餐饮品牌不仅不具备品牌核弹头,就算有也是前后东扯一句,西扯一句。这都说明创始人没想好怎样表达自己的产品价值和利益点。

你讲的乱,消费者认识你就更混乱,根本无法记住你。

(2)企业与消费者认知的一致性

对品牌最大的伤害,就是原来一切是一场误会。

企业想表达的价值是一回事,消费者认知的价值是另一回事。这就好像广东话"鸡同鸭讲",或者是成语里的"对牛弹琴"。这里绝对没有侮辱消费者的意思,只是说彼此不能达成共识,最后消费者自然无法对品牌产生兴趣。

(3)企业创始人和员工上下认知的一致性

当你是一个 100 个人以内的小公司老板时,几乎可以接触每一位员工,甚至有些老板能够记住每一位员工。可是当员工人数过千人,公司就开始出现层层架构,上传下达就变得非常困难。如果我们没有一个强有力的品牌核弹头作为品牌价值纲领,你很快就发现这 1000 人、10000 人每天想的和做的根本不是一回事。

整个团队不能保持认知一致、行动方向一致、步伐一致,团队的内耗就会巨大,团队没有助力,全是阻力。

我在日常授课中发现,别说整个团队,就连核心管理层,甚至几个合伙人对品牌的认知都不一致,你说向东,他说向西,几个月、几年过去了,还在争执。品牌没有明确的价值主张,没有前后一致性的品牌核弹头,团队就没有统一的思想方向,失败是一种必然。

(上下不一致,就是"卡"字,见图 3-4。)

图 3-4

最后大家可以回忆一下,我前面提到的显性的门头和隐性的门头。显性的门头就是我们能看到的具象化门头;隐形的门头就是差异化价值,我们的使命、愿景、价值观。

创始人看门头有以下三重境界。

- 第一重,门头就是门头

- 第二重,门头不是门头

- 第三重,门头还是门头

门头就是门头,指的是绝大多数老板仅仅把门头当成一个门头来看;

门头不是门头,指的是旺铺的老板已经意识到门头是获客最重要的装置、营销投入,是决定生死的命门;

门头还是门头，指的是创始人认识到门头是金字招牌，回归到商业本源。

当你真正掌握了门头的三重境界，就懂得如何利用好门头，所谓难者不会，会者不难。

03

如何打造吸金门头，成为区域明星店铺

在写这本书的时候，我一直想办法用最浅显的语言把最深奥的广告传播理论教给大家。

从过去的一年的实践来看，我还是收到了很大的正反馈。我们的学员既包括国内顶尖的品牌，也包括初创业者，当然更多的是拥有一两家门店的渴望增长的门店经营者。

他们的学历也从小学文化水平到本科不等，甚至还有硕士、博士。欣慰的是，即便是小学文化的创始人，他也能够快速吸收所学和改变经营策略。

未来创始人团队的学习力、改变力,就是我们的竞争力。

蕾迪家创始人蕾蕾,是一位在东莞经营得非常优秀的学员,通过门头改变,业绩得到大幅增长。

她原先的门头(见图3-5),如果你从旁边路过,完全不知道是卖什么的。很多线下老板从来不站在消费者的视角来看自家的门头。他们自己对店里的经营产品当然了如指掌,但是路过的潜在顾客其实对店里一无所知。

图3-5

门头上的英文字母,是他们两位创始人名字的拼音字母缩写。可能对于创始人来说,这个非常有意义。但是很遗憾,对于消费者来说,他们完全不知道这是什么。

因此,在这样的一个广告招牌上,写上这样的字是毫无吸引力的。

有人可能以为他们是卖家居产品的，也有人可能以为他们是一个宠物店。你设想一下，如果每天从门口路过 1000 人，都不知道这家店是卖什么的，这个流量就白白浪费了，盈利从何谈起？

这是她学习之后门头的改变。

- 品牌名：蕾迪家

- 品类名：手工千层蛋糕

- 战斗口号：千层蛋糕、万般宠爱

- 信任状：惠州中产家庭首选、多家金融机构指定蛋糕

她把"手工千层蛋糕"这个品类名称放在了门头上，并突出表现。

首先，"手工千层蛋糕"原本就是他们的招牌产品。

其次，"手工千层蛋糕"在一线城市已经是热门产品，美国有一个著名的品牌叫"Lady M"，它的主打品类就是手工千层蛋糕。

在网络上，千层蛋糕已经是一个热门产品。

当这位学员把这个门头改变之后，当月业绩就有很大提升。

紧接着她做出门头上的"品牌核弹头"。

战斗口号是"千层蛋糕、万般宠爱"。

信任状是"惠州中产家庭首选、多家金融机构指定蛋糕"。

这一组有效信息完成了她的品牌三问。最终门店的营业额实现了翻番。战斗口号和信任状未必全部呈现在门头上，但可以用各种形式呈现在消费者接触点上。

为什么门店还是那个门店，仅仅是在门头和内部装置上做了一些调整，就会有这么大的业绩变化呢？

因为任何一个消费者购物，都需要有一个购买的理由。你如果不能通过门头完成这个购买理由，顾客就会忽视你，当你不存在，你就是街上无数甜品店铺中的一家。

一旦你懂得通过门头展示出特色、差异化，以及值得信任、正在热卖，就立刻变成独一无二的一家店。

所有的旺铺，不都是独一无二的那一家吗？

我们再来看另一个案例。这个创始人原来是一个矿主，就是我们常常讲的家里有矿的土豪。

当他遇到能源生意下滑时，就想到去开餐饮店。

他对标了一个网红品牌"胡桃里"，在新疆开了一家山果巷音乐酒馆（见图3-6）。

图3-6

事实上，新疆也有"胡桃里"，所以他只能算是一个跟进者。

这样的一个新创品牌，去模仿和复制全国性的连锁品牌是非常危险的。所以一开始，他的生意也一般。

我们来看一看他学习之后做了哪些改变（见图3-7）。

首先，他在门头上多加上一个字，叫"音乐餐酒馆"。

因为新疆的白天时间非常长，晚上到了22点还是跟白天一样。如果消费者不来这个酒馆吃饭，仅仅是到了夜宵的时间才来酒馆，那么他的生意就可想而知。

图 3-7

当然他也找到了自己的优势,就是他做了自酿的鲜啤和新疆的烧烤。

这个产品组合更符合当地人的口味,也更吻合夜宵的音乐酒馆的场景。

因为我们在线下的门头战略课程当中,花很长的时间给学员打磨和测试。同时老师以及其他学员都会给学员的方案做一些辅导。他把这些细节考虑清楚之后,回去就投入 30 万元把旧门头彻底改换。

当然他也收到了很好的回报。因为改变门头之后,它的营业额增长了将近一倍,从原来的每天 3 万元左右增长到每天 5 万多元。你们可以帮他算一下,他光是改这样的一个门头,一年就能增加 700 多万元营业额。而这一切,他并没有多做什么,更不需要用促销团购、打折来获得顾客。

当我得知他的门店生意火爆、营业额大增的好消息后,就教他做一个战斗口号:"夜夜火爆的新疆音乐餐酒馆"。不管是在店里还是店外,只要能够触达消费者的地方,就把这句话反复地说。

因为他目前的生意的确是夜夜火爆,而人们去夜店、夜宵最怕的是没有人气、没有氛围,当消费者受这句战斗口号的影响来到店里,一看果然火爆,就更加愿意排队等位,而排队等位又反过来强化了"夜夜火爆",这时他的竞争对手就很难再与之竞争了。

- 品牌名:山果巷

- 品类名:新疆音乐餐酒馆

- 战斗口号:夜夜火爆的新疆音乐餐酒馆

- 信任状:夜夜火爆、天天排队的现状

门头的调整,看起来简单,其实充满学问,其中最重要的就是研究竞争对手和顾客的消费心理、消费习惯、消费行为。

当你把握住了这一切,并懂得用我所讲的品牌核弹头,清晰明了地打入消费者大脑当中,让顾客对你产生兴趣、好感、信任,甚至是追捧迷恋,你的生意怎么可能不火爆呢?

最后 个案例,还是找前文提到的"超能鹿战队健身减脂餐厅"。

因为有很多学员跟我说,他是做外卖的,他只有外卖店,没有门头。

大家想一想,外卖店真的没有门头吗?

事实上在外卖平台上,你的首页的店铺招牌就是你的门头。

这也是我之前讲到的门头三重境界:"门头就是门头,门头不是门头,门头还是门头。"

你们可以看到,从品牌名、品类名、战斗口号到信任状,完美和完整地组成了这个品牌的品牌核弹头。

"超能鹿战队健身减脂餐厅"就是一家以外卖为主、堂食为辅的餐厅。

在没有来我们线下课堂之前,他就叫"超能鹿战队沙拉专门店",已经濒临倒闭,经人介绍借钱来参加了我的线下课程。

我们来看看,他改变之后的"门头"(见图3-8)。

- 品牌名:超能鹿战队

- 品类名:健身减脂餐厅

- 战斗口号:7天一周期越吃越瘦

- 信任状:1600名健身运动员参与研发

图 3-8

品牌名"超能鹿战队"是"90后"年轻消费者喜欢的名字,用了"超能陆战队"的谐音,而"鹿"又成了品牌的视觉锤,甚至可以作为吉祥物。

品类名"健身减脂餐厅"其实是一个非常细分的品类,如果是开在线下,根本很难存活。但是在线上外卖,就展现了其优势。一方面,外卖的产品普遍油腻,而点外卖的年轻消费者居多,当他们吃了一段时间的油腻外卖便当后,就希望找一些能够去油腻的便当,"健身减脂"这个名字一下就把自己的功能说明白了。

另外,与沙拉相比,"健身减脂"看上去更专业、更高级。同时创始人还跟我反馈,沙拉之所以很难生存,有三大弊端:①大多数沙拉属于冷食,中国消费者的胃很难接受长期冷食,到了冬天更是受影响;②沙拉的食品安全最难管控,温度稍微变化,就会出现大量的菌群,存在严重的食品安全危机;③沙拉的口感总让人觉得是在吃草,除了极度自律的人,沙拉就变成大多数白领尝鲜、好奇、偶尔图心理安慰的选择。这样的品类天生存在巨大阻力,若不是前几年一线城市热火朝天地流行过一阵,这样的品类在二、三线城市根本聚不起来长期客群。

健身减脂餐看上去更小众,但是在运动潮的当下,除了懒癌患者,谁还没有一两个运动爱好。虽然真正的健身运动者永远是少数,但是向往健身运动者的是多数。当我们打出健身减脂餐时,就把真正的健身运动者和"伪健身减脂"爱好者一网打尽。

并且他们在产品结构上也根据王小白老师的菜单结构规划思想做了巨大的改变,完全去沙拉化。最终从沙拉品类的死亡堆中脱颖而出。

另外,这个名字还有一个小心机,"健身减脂餐厅"事实上它是以外卖为主,很少有堂食,但加上一个"餐厅",就让顾客产生了信任感。

真正的好学员，就是懂得 100%相信，100%执行。就是这样一个"健身减脂餐厅"，都有许多消费者心理学的知识在其中。可以说不懂消费者心理，就是干到关门，也不知道问题出在哪里。

战斗口号"7 天一周期越吃越瘦"，这句话简直可以说是神来之笔。健身减脂餐，大多数人偶尔会点一次，那么就会和沙拉一样低频，还是逃脱不了低频高客单价的死亡陷阱。沙拉原本成本并不高，但之所以卖得很贵，就是因为低频，而卖得贵就导致更加低频，恶性循环。

超能鹿战队如何解决这个矛盾呢？就是降低客单价，以套餐形式来销售，鼓励大家连续订 7 天，在消费者的潜意识中，一个月有四周，有一周用来健身减脂，也很好。再加上价钱和普通快餐便当差不多，就很容易接受。

加上他的产品真正是由很多优秀的健身运动员参与测试和研发的，同时改良了口味，使用了低脂肪、低热量的五谷杂粮和优质蛋白，七天连续吃下来，真的会让消费者有感知、有惊喜，因此复购达到了 60%以上。

解决了复购，就战胜了所有卖沙拉的同行。

信任状是 1600 名健身运动员参与研发。创始人穆子龙自小习武，又是健身运动爱好者，团队里有一批他的健身运动小伙伴；同时在健身领域,他也有很强的人脉,签约了大量的健身机构和健身冠军。因此,"1600名健身运动员参与研发"就不是一句空话,而是他资源优势的体现。

而打出这样的信任状,就更加强化了顾客的购买信心。

超能鹿战队的品牌核弹头不仅回答了品牌的三问,更重要的是使其从无数家同质化的沙拉店中脱颖而出。

尽管创始人从小习武,没有接受过很高的文化教育,他的文化水平只是小学水平。但是,我认为他做出来的这一组品牌核弹头,秒杀了市面上95%以上的广告策划公司。

我曾经跟他开玩笑说,如果我今天还在从事广告业,我就把你招来做文案策划。

也许看到这里,你还是会说我把产品做好就行,我看××家的门头没有做好,生意也很火。

我从来不否认产品的重要性。只是我们的品牌核弹头,加速了这个成功。

我经常跟我的学员以及一些企业家说,你们的责任是负责做好产品,而我的责任是教你们卖好产品。好的产品必须要有好的顾客和好的价格。它们是相辅相成的。

我坚定地相信，对于质量红利，我们国家才刚刚出现。我也希望能够找到更多对产品重视的创始人。我来帮助大家，把产品卖得更好，让良币驱逐劣币。

还有人会说，我们这个地方情况不一样。

你所说的不一样，只是因为你那个地区的竞争还不够激烈而已。我有很多学员在中国的三线以下的城市，由于房租还非常便宜，所以即便他们做得很粗放，也能活得挺好。但是我相信，竞争只会越来越激烈。发生在一、二线城市的事情，未来也会发生在三线以下城市。

就像马云所说的一样，我们应该在天晴的时候修屋顶，也就是当你今天还可以活得很轻松的时候，如果你学到这些不一样的生意经，就能够领先当地的同行。

下面再详细讲解一个案例。

咕叽咕鸡是一家区别于传统的连锁餐饮企业，业务订单更多源于线上的外卖平台，线下堂食占比相对较小。因此，这个店过去并没有花太多精力去设计和搭建门头。

在参加过门头战略课程后，他们开始重视门头，打破过去认为外卖店就没有门头的错误认知，并将课程中学到的"品牌核弹头"理论进行融会贯通地运用,同时,针对企业的互联网餐饮模式进行创新地拓展应用,成功地使得业绩翻番。

1)品牌核弹头"品牌名、品类名、战斗口号、信任状"四维一体,确立定位后,我们所有的传播和运营都朝着"建立心智认知优势"的方向聚集资源,打造"线上+线下"双门头的模式。

2)线下:将所有老店的门头进行重新设计,将品牌名、品类名、战斗口号进行了设计和提炼,放在门头上;同时将信任状设计成创意海报,悬挂于门店内,向消费者准确传递认知信息,因为我们清楚:品牌只有成为顾客心智中的第一,才能与顾客建立牢固的关系。

3)线上:结合互联网餐饮的属性,更多用户的触点在于线上外卖平台以及送到用户手中的包装物,所以我们将"门头战略"融会贯通地沿用到外卖平台上,将平台中的门店形象,结合品牌核弹头理论进行重新规划和设计,强化消费者的认知;同时对所有外卖包装进行升级更替,使得每一份产品到用户手中,都是一次心智上的触动和感染,通过产品的口感和视觉包装的刺激,极大提升用户对我们品牌的感知度和体验感,促使用户从线上外卖到门店消费。

4)数据:线上、线下双线联动调整后,我们实现了业绩翻番,同时线上门店的进店率从原先13%上涨至25%,用户的下单转化率从 8%提升至 18%，效果显著。

咕叽咕鸡的成功升级，朝着"日理万鸡"的路上更进一步！这完全得益于"门头战略"课程指导。企业的成功也再一次印证门头战略，不仅适用于传统的堂食餐饮店，新餐饮（互联网餐饮）同样有用，希望这个案例可以给更多的外卖型餐饮企业新的启示。对这家店的调研梳理如下所示：

调研部分

学习课程前

- 公司（品牌）名：咕叽咕鸡

- 品类名：滋补蒸鸡

- 战斗口号：无

- 信任状：放心鸡，选咕鸡

- 爆品：滋补蒸鸡

- 店铺数量：16 家

- 月营业额：平均单店为 17 万元

- 月利润额：平均单店为 1.36 万元

第 3 章
如何打造吸金门头

学习前,品牌所遇到的问题:

1)品类战略没有深入系统的进行规划。

2)品牌战斗口号和信任状没有归纳提炼。

3)门店的门头没有很好地设计和被利用,只是单纯地放标识。

4)品牌/品类传播方面,始终没有找到触达消费者的那根"心智钉"。

学习课程后,进行了以下梳理:

- 品类名:手撕蒸鸡

- 战斗口号:去,你的蒸途

- 信任状:

我们专注:5年用心沉淀,领跑手撕蒸鸡品质

我们严选:生态喂养80天,直供中国港澳地区品质的优等黄羽鸡

我们承诺:以给家人和孩子食用的标准做现蒸鸡

我们只做:205℃的高温古法慢蒸

- 爆品:手撕蒸鸡

- 店铺数量：30 家

- 月营业额：平均单店为 28 万元

- 月利润额：平均单店为 5.02 万元

改变了哪些内容？描述过程与体会：

- 提炼了战斗口号和信任状的内容

- 对品牌标识和门头门店进行重新设计和再造

- 外卖平台上品牌形象装修，打造在线门头战略，对所有打包物料进行优化设计，包括将材质和视觉设计升级，提升消费者体验感

- 对菜单进行重新规划和设计

在上完我的"门头战略"课程后，重新对自己的品牌/品类甚至是企业未来发展方向进行全方位的重新审视和规划，在 2018 年成功完成了咕叽咕鸡品牌的升级。

在整个升级的过程中，我们深刻地感受到"门头战略"的重要性，所谓的品牌升级本质不仅仅是视觉 VI 和空间表现形式的优化。对于咕叽咕鸡的品牌升级，我们从三个维度去思考和改变：

（1）门头战略

战略对于企业而言不是未来我们要做什么，而是当下我们做什么才能有未来。对于企业而言，门头战略就是顶层设计，基于顶层设计去做资源配置，去做规划。

（2）核心价值

重点去发掘消费者的认知，把内部资源配置到目标客群高感知的领域，让消费者对咕叽咕鸡的品类有更加清晰的认知，对咕叽咕鸡有更好的品牌感知。

（3）品牌资产

有了战略才能有战术，我们将所有能够为品牌带来效益的消费者认知，都归纳为品牌资产。围绕品牌资产，我们对消费者体验做了全方位的升级迭代，新的标识、新的门头、新的门店、新的打包体系、新的产品，都是在慢慢为咕叽咕鸡品牌资产做沉淀和积累。

从这次咕叽咕鸡品牌升级后的数据结果可以看出，我的课程给咕叽咕鸡品牌带来质的变化，一家餐饮企业要想生存好、发展好，门头战略规划不能少！

改变前后的一些对比（见图 3-9～图 3-13）：

（1）标识变化

a）升级前　　　　　　　　　　　b）升级后

图 3-9

（2）门店门头

a）升级前

b）升级后

图 3-10

(3)咕叽咕鸡战斗口号"去,你的蒸途"

图 3-11

(4)包装升级

图 3-12

（5）外卖平台门店升级

图 3-13

获得的相关荣誉：

- 2018 年福建连锁餐饮品牌

- 2016 年福建餐饮连锁经营 50 强

- 2017 年福建餐饮连锁经营 100 强

- 2018 年福建餐饮连锁经营 100 强

- 2018年智慧餐饮开拓奖
- 2018年福州饿了么星实力品牌榜第三名
- 2018年福州饿了么星实力品牌榜夜宵品类第一名

你会发现这些案例有两个共性：

（1）这些品牌的规模都不大，属于初创或者发展期的品牌

对于小规模的品牌而言，资源有限、人力物力有限，如果他们不懂得抓住最重要的、最核心的获客资产"门头"，不知道该如何与消费者沟通，绝大多数都会夭折。因此对于中小规模品牌有价值的方法论，才是真正有价值的方法论。

因为大企业有更多资金、更多资源来推广品牌，所以往往看不出来究竟是哪一个动作产生的实际效果。而恰恰中小品牌只能将有效资源聚集在一件事上，就更能体会到门头战略的重要性和立竿见影的效果。

因此，这个方法论对中小企业有效，对于规模化品牌学员就更有效。只是大品牌对内部的数据有更多的保护，所以我就不在文中提及他们的实际案例和增长数据了。

（2）这些品牌的创始人都有很强的学习力

企业不分大小，只分为高成长还是低成长。高成长的企业今天

再小,明天也会成长为大企业;低成长的企业今天再大,明天也会成为僵尸企业。

而一家初创企业的成长速度,唯一的瓶颈就是创始人学习和改变的速度。

一个创始人开始找借口、找理由,把企业的低增长推卸为市场环境不好、国家政策不好、团队问题,其实都是创始人思想有问题。

没有疲软的市场,只有疲软的思想。

中国市场是全球最大、增长最快的市场,在这个市场赚不到钱,去哪都赚不到钱。

没有学习,就没有改变;没有改变,就没有成长。

04

门头战略解决三大核心问题：我们的使命、愿景、价值观是什么？我们提供给市场独一无二的价值是什么？我们最初的原点用户是谁，核心产品是什么？

Chapter
Four

第 4 章

最易执行的门头战略

Chapter Four

门头战略解决三大核心问题：我们的使命、愿景、价值观是什么？我们提供给市场独一无二的价值是什么？我们最初的原点用户是谁，核心产品是什么？

01

为什么要把门头提升到战略层面

管理学大师德鲁克说：企业的内部都是成本，企业的成果都在企业之外。

定位大师特劳特说：定位就是抢占潜在目标消费者的心智；品牌就是要在消费者心智中占据一个强有力的位置。

而另一位定位大师里斯强调：开创并占据一个品类是企业唯一战略。

他们说的都是一件事，那就是：企业的真正资产是在消费者心智中建立强势的品类品牌。

但是对于餐饮业创始人而言，"企业之外、消费者心智、开创并占据品类"这些专有名词很难被理解和消化，而"门头"恰恰包含了"企业之外、消费者心智、开创并占据品类"的总和，是这些理念的实体呈现。

一个门头具象化地浓缩了三位大师的理念，也让餐饮企业老板更容易理解。

我在实际授课过程中发现，定位、品类战略、消费者心智这样的专有名词，其实是传道者内部思维的表现，听者感觉很神秘、很高大上，但回到实践中，往往不知道如何消化、如何执行，真正能够透彻理解这些理论的餐饮企业家凤毛麟角。

这就导致两个问题：一方面，人们过于神话品牌定位理论，让大家觉得这是一学就会、一用就错的高深莫测理论；另一方面，又让很多老板陷入学问的研究中，不能做到理论与实践相结合。

所以，我重新定义了门头，从战略高度尊重门头，回归商业本质——门头是金字招牌，使命愿景；从品牌竞争角度重视门头——门头是品牌竞争阵地；从引流获客视角优化门头——门头是第一流量入口，是门店生意的保障。

当我们把高深的理论落实在一个具象的点，企业家就豁然开朗，很容易跟团队、员工建立共识。否则，经常是老板出去上了一些高大上的课程，但是回来无法精准地向管理层、执行层传达。最终团队的共识无法建立，又从何谈落地呢？

眉州东坡集团董事长王刚在集团内部跟干部们强调，时代发生了变化,我们在品牌上必须变革。过去他说我们要给企业重新定位,大概能听懂的不超过十个人。但如今他说:"奕宏校长说,不换门头,就换老板",绝大多数员工都能理解这件事的重要性,同时也知道该如何配合执行。

不要小看仅仅发生这么一点变化,对于整个集团而言,沟通效率成百上千倍地提高了。

让企业家研究定位理论,实践定位理论,大概需要花费两三年时间。巴奴毛肚火锅的杜中兵先生、大连灵芝妹子海鲜米线的于尔升先生是真正吃透定位理论、实践定位理论的行家,他们投入了大量时间、精力于此。但放眼全国,这样的企业家寥寥无几。

一大批学员在线下课程中跟我们反馈,说学习了这么多年定位,听了那么多次课程,终于在门头战略里找到感觉,找到了答案。

当他们把核心管理层和主要合伙人一起带到门头战略的课堂上,经过短短两天,主要核心层就达成共识,快速落地、快速行动,整个团队的士气大增,业绩大增。

表面上我是在跟大家谈"门头",但实际重在"战略"。

战略就是取舍;战略就是知道我们的使命、愿景是什么,我们从哪里来,到哪里去;战略就是我们创造的独特价值是什么;

战略就是我们以什么样的核心产品、核心服务来满足目标用户。

而这一切，不恰恰都在门头上展现吗？

所以我说：门头有显性门头，就是那个具象的门头；门头还有隐性门头，那就是它浓缩了我们的爆款品类、存在于竞争市场上的理由，以及我们的使命、愿景。

"不换门头，就换老板"，一句话就包含了门头战略的所有意义。

02

门头战略解决的三大核心问题

企业经营中有无数的问题。创业的过程，就是不断解决问题的过程。有问题的企业才是好企业，没有问题的企业都是半死不活，或者马上倒闭的企业。

但是，企业最重要的三个问题是什么？只要抓住下面这三个问题，企业所有的问题就迎刃而解：

- 我们的使命、愿景、价值观是什么

- 我们提供给市场独一无二的价值是什么

- 我们最初的原点用户是谁，核心产品是什么

这三个问题的重要性级别从上至下，但在实际创业过程中，优先级是从下至上。

门头战略的第一大体系：三个问题。（为什么做）

首先，创业要思考谁是我的原点用户。今天的消费者已存在极大的分层，想一网打尽天下英雄的店不存在；今天的餐饮业竞争惨烈，想用大而全的产品去满足用户，也不现实。

所以门头上的品类名、招牌菜就是你的核心产品，它无时无刻不在帮你探寻潜在的目标顾客。如果没有清晰的、具备诱惑性的品类、招牌菜，如何让顾客找到你、识别你呢？

其次，你为消费者提供什么样独一无二的价值。

这就是前文所说的战斗口号，没有"服务不是巴奴的特色，毛肚和菌汤才是"的口号，巴奴就没有存在于中国火锅爱好者心智中的理由。它就是无数四川、重庆老火锅中的一员，它仅仅是存在于郑州的街道上，但不存在于消费者心智中。

独一无二的价值，是品牌存在的价值。

门头上如果没有这个独一无二的价值,消费者凭什么在数百家、数千家餐厅里选择你的店呢?

就像早期巴奴模仿和跟随海底捞,以为学习老大自己就会变成老二,结果越学越不自信。因为连员工都说,如果我们仅仅是像海底捞,那么顾客为什么不去那个真正的海底捞呢?

门头上的战斗口号,就是解决消费者选择那个独一无二的你的价值所在。

最后,企业最终要做强做大,无一不是靠愿景驱动。所谓的百年老字号、世界五百强,都是因为创始人最初有一个明确而伟大的愿景。

海底捞的愿景是"用双手改变命运",西贝的愿景是"因为西贝,所以喜悦",华为的愿景是"华为的追求是实现客户的梦想"。没有愿景,你连优秀的厨师、优秀的店长都吸引不来,留不住,还谈什么活下来最重要。

我的导师是吉野家的总裁,他的办公室里有两个字"良心",这是吉野家 100 多年传承下来的价值观,做良心快餐也是吉野家的使命愿景。吉野家能够穿越 100 多年,在十多个国家和地区发展,如果没有这个使命、愿景,根本不可能持续发展到今天。

同样是刚需的快餐,吉野家用东北的大米,光是专业洗米的设备和煮饭的电饭锅投资就是普通商家的很多倍。我们都说质量重要,可是如果没有愿景和价值观支持,谁会做这样的投资呢?

同时,我们观察跨国企业发展史,无论是宝洁、可口可乐、麦当劳、吉野家,让它们跨越百年,扎根数十、上百个国家/地区的核心就是一个永远不变的愿景和价值观。

今天,如果你还觉得愿景是一个空的、虚的、无所谓的东西,先活下来最重要,那么,很有可能你根本就活不下来。

在高度竞争的行业,什么最稀缺?那就是真正优秀的人才!而人才往往是愿景驱动的,而不是利益驱动的。

就像 Facebook 的创始人说的,我最不怕和谷歌竞争,因为我一样可以挖走他们的人才,但我最怕和 NASA(美国国家航空航天局)竞争,因为他们那的顶尖人才纯粹就是为了完成人类外太空探险的梦想,金钱、名利、股票、期权对他们毫无吸引力。

高薪能吸引一般人才;期权能吸引优秀人才;伟大的使命、愿景能吸引顶尖人才。

公司的规模大小、竞争力强弱,就在于能吸引什么级别的人才。

当然,我一再强调,老板首先要思考:你自己是哪一个层级的

第 4 章　最易执行的门头战略

人才?

企业解决了上述三个最重要的问题,绝大多数的问题就迎刃而解了,否则,我们都是在经营忙碌,而不是经营效率。

"为什么做"永远比"怎么做"要重要1万倍!

不解决"为什么做"这个信念问题,我们会在半道上因为遇到各种各样的困难、各种各样的风险而轻易地放弃。

门头战略的第二大体系:品牌阵地。(凭什么做)

品牌阵地就是我们何以立足?我们的差异化是什么?我们给消费者创造的购买理由是什么?我们存在于社会的独特的价值是什么?

我在袁家村考察时发现,无论是在袁家村城市里的体验店,还是在袁家村关中印象体验地,"农民捍卫食品安全"的标语随处可见。

这一句话既是袁家村的商业模式,也是袁家村顶层设计的总和。

食品安全是中国当下社会最大的痛点。毒奶粉、假鸡蛋、催熟鸡,这样的新闻曾让消费者人心惶惶。

谁能解决社会痛点,谁能解决行业痛点,谁就能够创造最大的商业机会。

"农民捍卫食品安全"这一句话既是朴素的价值观,又是品牌传播的"神来之笔"。

在消费者的心智认知里,我们都喜欢土生土长原生态的食物、原生态的食材。那么这些原生态的食物和食材一定来自于原生态的农民。

袁家村一穷二白远离城市,它唯一拥有的优势就是原生态的农民和原生态的农村土地。

围绕着"农民捍卫食品安全",袁家村构建了从农田到加工厂到餐饮小吃的集群,横跨一二三产业,用创新的农村合作社人员入股、人人皆是股东的商业模式,使"农民捍卫食品安全"成为可能。

如果从品牌传播的角度来看,袁家村的传播信息恰恰暗合了门头的品牌核弹头理论。

- 品牌名:袁家村

- 品类名:关中印象体验地

- 战斗口号:农民捍卫食品安全

- 信任状:眼见为实的前店后厂,现场制作,货真价实,美味的食物,排队的全国吃货,严格的监督和清退机制随处可见这一切形成了袁家村强大的、独特的品牌阵地。并通过这完整协调、无比精准的品牌核弹头向每一个体验者传递了袁家村的品牌印象和品牌口碑

门头战略的第三大体系：流量入口。（如何做）

无论是像袁家村这样的一个村级组织，还是个人创业者，无论我们曾经怀抱什么样的愿景初心、雄心壮志，创业最核心的事情是找到原点市场、原点客群，以及击中这些原点客群的爆品。

最初的袁家村真的是一穷二白，无论两位书记的愿景多么好，价值观多么正，如果不能找到真正的突破口，袁家村村民摆脱贫穷的希望一定会破灭的。

有时我们资源有限，而这恰恰成为我们最好的优势。因为我们不敢一上来贪大求多，我们不敢做所谓的生态平台。如果一开始袁家村是要做生态平台，我们今天就听不到袁家村的名字了。

因此，最初的袁家村关中印象体验地是以西安小吃集合地（小吃街）这样的一个新业态、新品类出现的。

西安恐怕是全中国小吃最丰富的地方，同时西安也是中国最知名的旅游目的地，但正是因为每年海量的游客造成西安小吃，尤其是在各大景区的西安小吃的承接力有限，同时由于市场化监管困难导致西安小吃的质次价高。

这样的痛点被袁家村牢牢地把握住了。他们凭借自己原生态的食材，原生态的制作工艺，质优价廉的性价比，一站式的小吃集合地，成为袁家村的突破口，成为袁家村关中印象体验地打响市场的第一炮。

按照今天时髦的创业理论来说，这就叫单点突破，爆品法则。

单点突破是最难也是最简单的创业法则。难是因为没有找到这个单点之前需要累积大量的时间去寻找单点。简单是你只需要聚焦在用户的痛点上，就可以找到这个痛点。

我想最初袁家村找到西安小吃集群这么一个单点突破，恰恰是因为他们资源有限，不敢多点并进。

而今天绝大多数模仿和学习袁家村模式的乡村，之所以都遭遇失败，无非就是违背了下面这三大系统：

- 没想好为什么做

- 没想好创造独特的价值，解决什么问题

- 没找到原点的客群和单点突破的爆破口

那种单纯地想靠复制和模仿袁家村的商业模式和运作形式的人，无异于缘木求鱼，水中捞月。

对于今天无数想冲进各种行业创业的个人与组织，在行动前要对照以上三大思考体系，做好自己创业的顶层设计。

所有的成功都不是偶然，而所有想模仿、复制他人成功的，失败都是必然。

03

门头战略的道、法、术、器、势

- 道：天道
- 法：规则
- 术：流程
- 器：工具
- 势：趋势

道、法、术、器、势是中华智慧的结晶，天道、规则、技术流程、工具，让我们能够很容易地理解我们所做所想在哪一个层级。

人与人的差别最终就在道、法、术、器、势的层级上。

有些人到处去探店、抄袭、模仿，大多就停留在器（工具、道具）和术（技术、流程）的层面，这样的创始人开几家店没问题，但遇到竞争就无从下手。

有的老板上升到了"法"的层级，就是有自己的套路、方法，也掌握了行业的规则与规律，这样的老板已经可以建立强势的区域品牌。

只有极少数的企业家在"道"的层级，因为他们顺应天道、顺应人性，有强烈的使命感和伟大的愿景与远见，从而开创了伟大的品牌，建立起全国乃至全球性的卓越企业。

那些整天追求和研究所谓"干货"的老板，技巧再精炼，那也只是"术"的层级，无法上升到"道"与"法"的层级。技术再好，产品再精致、再美味也就是一个开单店或者多店的老板，而真正高手是价值体系的输出，是战略，是价值观，是格局，是无形的大道！

海底捞如果没有"用双手改变命运"，张勇是不可能开创这样一番事业、建立一个生态级别的企业的。别人学海底捞之所以学不会，是因为绝大多数人无法复制张勇的初心和海底捞的愿景。

"道"之于营销是企业价值观、格局与消费者心智的契合。时代易变,市场易变,消费方式、习惯易变;而消费者的心智却不易变!所以,任何时候我们都应该以终为始,以消费者心智为根本,以符合消费者真实需求为目标做营销,再基于商业规律、商业模式、行业价值观与格局来发展。

"法"之于营销是企业的核心价值体系,品牌的定位、理念,对全局的目标规划与战略。

"术"之于营销是战术。具体执行过程中的技术、技巧、方法,需要创造实在的行为和行动力。

"器"之于营销是工具,是将复杂的事情简单化、机械化,简化事情的有效化工具。比如餐饮业的各种管理、营销系统,比如视觉、环境设计、菜品呈现,都是帮助餐厅提高效率和用户体验的工具。

"势"之于营销是趋势的把握,指的是市场发展趋势,消费习惯、观念的改变趋势,事物的流行与潮流。

道、法、术、器、势,五者之间层层依托,互相融合支持,五者兼备才是好营销。

有些策划公司、设计公司把视觉呈现当成战略、天道,高价售卖给企业,冠以各种高大上名词,就是因为创始人没有道、法、术、器、势这样的思维模型。

如上文提到的袁家村,之所以我们看到其今天的成果,不在于它呈现的形式、手工制作、性价比,而在于一开始袁家村两位书记"带领村民勤劳致富、共同致富,无我利他"的思想。没有这个"道",哪里会有"农民捍卫食品安全"这个法,就更没有我们今天看到的"袁家村关中印象体验地"所呈现出的"术"与"器"。

创始人只要不摆脱跟风、抄袭、模仿,就永远不可能参与真正的竞争。

打造吸金门头诊断表

一、你对门头的认知层级(判断题)

1. 你认为门头是门店最核心的流量入口吗?( )

2. 门头占据门店租金的90%;门头不能获客,或者获客率低,等于租金浪费,或者是变相涨租金。( )

3. 门头是门店品牌竞争阵地,阵地丢了,业绩就没了。( )

4. 门头是门店差异化竞争优势的完整呈现,顾客没有进店之前,只有通过门头来判断是否应该进店。( )

5. 门头是创始人对生意的全部理解,门头是老板对顾客的

承诺、对员工团队的承诺、对社会价值的承诺。（　）

6. 门头是凝聚团队向心力、使命感的图腾。（　）

二、门头上的品牌核弹头诊断表（1-10分）

品牌名：简单易记、一看就懂、容易传播、有好感。（　）

品类名：通俗易懂、简洁明了、有价值感。（　）

战斗口号：独一无二、顾客会传、销售会用、竞争对手会恨。（　）

信任状：真实、事实、充实。（　）

三、门头五大指数

可见指数：无遮挡、视觉动线合理、视觉角度合理、招牌清洁完整、灯光照明完好。（1-10分）

诱惑指数：品牌核弹头完整，品牌差异化明显，独特的价值诉求，有食欲的图片、灯箱、视频。（1-10分）

熟悉指数：新店、区域口碑明星、区域强势品牌、全国强势品牌。（1-10分）

热卖指数：热气腾腾的出品、热情的店员招呼、来来往往的顾客、店内满座、店外排队。（1-10分）

引导指数：店外有完整的引导线路、门口有引导；行人、路人、车辆动线合理，有清晰可见的箭头、路标、指示牌。（1-10分）

这五大指数是我们帮助餐饮企业门头做初步诊断的一个工具，读者可以根据自己的门头情况客观地打分。此外，这个打分最好不要在店内、公司内想象，而是站在门口，带上不同的人来进行打分，可以较为客观公正地评判。

下篇
如何打造差异化品牌，区域称王

05

> 品牌的本质是获取用户。因为品牌有获取用户的能力，所以就有更多的市场需要，无论这个市场是消费者还是加盟商。品牌是企业唯一的资产，未来没有建立品牌意识和常识的老板必将被市场淘汰。

Chapter Five

第 5 章

建立品牌的四大误区

Chapter Five

品牌的本质是获取用户。因为品牌有获取用户的能力，所以就有更多的市场需要，无论这个市场是消费者还是加盟商。品牌是企业唯一的资产，未来没有建立品牌意识和常识的老板必将被市场淘汰。

01
做品牌不仅仅是大企业的事

1. 品牌的功能是获客,是让我们的店(品牌)成为消费者的首选目的地,让他指名购买

经常有人跟我讨论,到底是先做生意还是先做品牌,甚至有人认为,小企业就应该先做生意,先赚到钱,先生存下来,再考虑做品牌的事情。

这在当下是非常错误的想法。

在过去的一二十年里,之所以我们不需要品牌,也可以把产品卖掉,是因为在产品的供小于求,无论生产什么都可以卖掉。

所有赚钱的人都是吃到了人口红利和市场红利。但是今天这个红利期已经一去不复返了,市场已经从供小于求变为供大于求,甚至是严重的供大于求。

第 5 章
建立品牌的四大误区

在同质化竞争的过程中,品牌是企业的唯一生存之道。

想象一下,你是一名消费者,每天面对各种各样的产品做选择的时候,你的选择习惯是什么样的?你会随便为自己和家人选择一个产品吗?显然你一定会去选择一个品牌,而这个品牌在你的大脑当中一定有它独特的品牌印象和价值。

而恰恰这个印象、价值是你选择它的原因,而不是那个产品。

可以这么说,如今到了各行各业都需要建立品牌的时代。靠人口红利和低成本制造廉价的产品卖到全世界,这条路走不通了,更不用说作为一个企业,没有生产优势,没有规模优势,如果不懂得去建立差异化的品牌,消费者凭什么选择你呢?

因此,建立品牌就是获客,就是为了实现消费者的指名购买,就是为了生存下去,不存在先做生意再做品牌。可以这么讲,在未来没有品牌就没有生意。

你回忆一下自己的衣食住行种种消费,哪一样不是跟品牌相关呢?

随着经济的发展,中国必将成为全球最大的经济体,也必将诞生全世界数量最庞大、最有消费能力的中产阶层。

正确地做品牌是赚钱的,而不是花钱的;做品牌是投资,而不是浪费。

我在近 20 年的广告生涯里,看到中国南北方的文化差异和市场经济的差异,核心就表现在对品牌的重视程度上。在沿海发达地区,如珠三角、长三角,无论是在快消服饰品还是其他方面,那里的企业家更有品牌的思维。他们最先舍得在中央电视台、湖南卫视这些强势的媒体上打广告,甚至不惜贷款也要打广告。因为他们懂得:没有知名度,出门受欺负。

与之对比的非沿海的一些企业,思想保守、思维落后,总是认为只要把产品做好就行了。殊不知就像可口可乐的总裁讲的一样,企业所有的资产都在品牌上,厂房、员工、配方等,一切都不是可口可乐的资产,可口可乐最大的资产就是"可口可乐"这 4 个字的金字招牌。

因为只凭着"可口可乐"这 4 个字,他就可以去重建可口可乐的工厂,供应链供应体系,甚至得到人才、资本等一切生产要素。

西贝莜面村的创始人贾国龙先生,是中国餐饮业最舍得在品牌上投资的企业家。可以看到在购物中心里,总是西贝莜面村的生意最好、最先客满、最先等位。西贝莜面村可以跟商场、跟外卖平台、跟点评平台要到最好的位置、最好的政策,无一不是因为它有品牌号召力。

西贝莜面村的贾国龙从开始创业的时候就有品牌意识，最先舍得在媒体上打广告。要知道，那可是在 30 多年前。

媒体的费用只会越来越贵，效果只会越来越差。因此，晚传播不如早传播，早打广告比晚打广告强，建立品牌才能抢占高地。

正确地在品牌资产上做投资，每一元都能带来数元甚至数十元的回报，这是一个稳赚不赔的买卖。但前提是你要懂得如何去建立品牌资产。

2. 互联网时代建立品牌的成本大大降低

2011 年 4 月，我有幸结识新浪微博副总裁葛景栋先生。

他用了一下午时间跟我讲脸书、Twitter 的经营以及新浪微博在中国未来发展的方向。因为有着 10 多年的品牌传播和媒体经验，我从葛总的信息中悟到，中小企业低成本建立品牌的时代已来临。

前面也讲到，南方沿海发达地区的企业特别舍得在中央电视台、湖南卫视等强势的大众媒体上投放广告。这的确特别考验企业家的魄力和融资能力。这种高举高打、建立品牌的手法，非一般企业能为。

但是到了移动互联网尤其是社交网络传播时代，品牌建立的规则和媒介环境发生了巨大变化。任何人、任何企业通过了解社交网络传播媒介的本质规律和特征，都可以建立自己的个性化品牌。

我个人也是因为看懂和研究了社交网络的传播性质后，辞职建立了个人专家品牌。

从 2012 年的互联网餐饮鼻祖黄太吉、伏牛堂、西少爷，以及近年来火遍全国的喜茶、奈雪的茶，还有中国餐饮第一大品牌海底捞，这些品牌既没有在中央电视台，也没有在湖南卫视大放广告，但是他们的品牌国人皆知，甚至是全球皆知，就是因为掌握了社交网络传播的规律和法则。同时，他们早期舍得在各地的美食媒体大号上做传播，也利用了这一波新媒体的红利。

近几年来，我们经常听说一些名词叫作"网红品牌""网红店"。所谓的网红品牌、网红店，就是它们是在社交网络上传播而成长起来的。

媒介变化让传播发生了变化。但是我们要清晰地认识到，真正让一个企业走得远的，不是传播，而是它的定位。也就是它能够创造什么独特的差异化价值，并持续地保持这种差异化价值。

在这里,我想提醒大家千万不可以本末倒置。媒介传播的特点是迅速,但是好事不出门,坏事传千里,它的特点是传播坏消息比传播好消息更加快速。因此,如果我们不懂得重视产品的品质,不懂得建立真正的差异化优势,仅仅是靠噱头、靠炒作而红,这种红是非常短暂的。

真正的网络传播就是消费者的口碑。海底捞就是一家完全依靠口碑起家,靠口碑竞争获胜的品牌。若论网红,谁也不如这个大网红红得久。没有消费者口碑支撑的网红都是一阵风。

3. 门店的门头就是建立品牌的最佳阵地

门店的门头,就是广告牌;门店的菜单就是品牌宣传册;门店的服务员和营业员就是品牌大使。

门头、菜单、服务员是每一家餐厅都需要配置的。如果你仅仅是把门头当门头、菜单当菜单、服务员当服务员,那就浪费了门店建立品牌的最佳机会。

线下商业,尤其是服务业,是一对一的销售,面对面地服务用户,每一次与用户接触其实就是建立品牌的过程。海底捞、西贝莜面村的每一名服务员都在传递品牌的温度。

很多外卖品牌，最终都要到线下来开店，原因就是如此。星巴克在全球有 29 000 家门店，每一个门头就是星巴克品牌的重要组成部分。

02

建立品牌不能搞形象论

1. 设计公司、装潢公司不是建立品牌的公司

很多企业一谈到建立品牌，就想到去找策划公司、设计公司和装饰装潢公司。

我作为一个广告人，有着近 20 年第三方服务经历，可以这么说，没有一个品牌是由设计公司、装潢公司建立起来的。设计公司和装潢公司更多的是完成品牌的呈现，而品牌的灵魂都在创始人的思维里。

- 苹果的灵魂人物是乔布斯

- 格力的灵魂人物是董明珠

- 万科的灵魂人物是王石

- 西贝莜面村的灵魂人物是贾国龙

- 海底捞的灵魂人物是张勇

生意是创业者的事,品牌是企业家的第一战略。

我在这里所表达的,不是说第三方设计公司、策划公司、装饰公司没有用,而是说我们该如何用好它们。

对于一个生意、一个品牌而言,首先是创始人要有清晰的思路。第三方服务公司往往只是用一种外部的视角,来帮你去审视这个思路是否吻合市场、消费者需求以及消费场景。

如果我们把建立品牌当作广告公司、策划公司、装饰公司的事儿,这一切就完了。

我在餐饮连锁行业看到两个最不可思议的现象:一个就是对标识、视觉设计的过度重视;另一个就是对餐厅环境的过度装潢。

2. 为什么说设计标识是餐饮品牌建设最大的坑

有位学员要开一家新店,也就是要开创一个新品牌。作为一家进驻购物中心的新店,老板认为在视觉上要有品牌感,于是找了专业设计公司设计 VI,当然少不了要设计一个标识,结果出了一个插曲,就是这家设计公司居然抄袭了别人的标识,导致纠纷,最终影响了商标注册和工程进度。

创业不易,处处是坑。表面上看,好像是这家设计公司给他挖了一个坑。事实上,是我们的思维惯性给我们自己挖了一个巨大的坑。

关于标识这事特别吊诡。一个企业(一家店)在诞生初期,老板总要找个人去设计一个标识,做一套 VI,仿佛这样就预示着公司诞生了(或者说看起来像一家公司了)。

事实上,我在创立"未来食"这家公司时,也请专业设计公司设计了一个自以为很有格调的标识,就是这个狮子图形(见图 5-1)。寓意是要做森林里的狮子王,可是这个标识跟食品、跟餐饮没有任何关系。之所以用狮子,是出于两个原因:①当初未来食是要做餐饮产业加速器,所以要找到像狮子一样的选手;②当初我的合伙人提出要做协作的狮子,不做独来独往的老虎。如今看来,这是自己满满的内部思维,还不如"未来食"

三个字简洁明了。

图 5-1

为什么大多数创业者创办公司,第一件事居然是要设计一个标识,还因此诞生了一家百亿级的互联网平台公司——"猪八戒",这家互联网平台公司早期起家业务就是帮助初创企业设计标识,可见设计标识貌似是一个"刚需"。

事物存在必有其合理性,凡事背后必有道理。

这里面可能有三层原因:

1)设计了标识,会显得品牌正规、洋气一些,看上去更像品牌,尤其是进购物中心店,招商部需要。

2)别人设计了,我要是不设计一个,会显得很落后,缺乏文化自信。

3)文字商标难以注册,索性搞个标识加文字,增加通过概率。

当然，在改革开放初期，企业是没有设计标识的习惯的。标识设计兴盛起来至少是在 2000 年以后的事情。设计标识、形象是在中国本土企业有了品牌意识之后。

我们来看一些大品牌的标识。如全聚德、海底捞、庆丰包子铺这三个知名品牌（见图 5-2），尤其是全聚德作为一家百年老字号，谁也想不到它当初居然也有一个和品牌文化完全不搭配的洋标识。庆丰包子铺也一样，而大名鼎鼎的海底捞的标识，我一直以为它是一个展翅飞翔的翅膀，后来才知道那是海浪。

这三个标识可以说几乎没有给品牌带来传播价值，甚至有些还破坏了品牌的完整性和一致性，感觉是画蛇添足。（海底捞于 2017 年重新设计了以"Hi"为主要构图的新标识。）

知名品牌尚且如此，就更不要说那些满大街莫名其妙的标识了。设计标识，说明了我们企业的品牌意识觉醒；但盲目设计标识，证明了思维惯性的可怕。

汉字是象形字和会意字，你可以看到一个汉字就知道它的意思，但是未必知道它的发音，汉字本身就是一个符号。也就是说最省钱、最有效的方法，就是在汉字的基础上做变形。

对比中文品牌西贝、巴奴，只需要在汉字上做调整，因为汉字本身就是符号文字。

第 5 章
建立品牌的四大误区

a)

b)

c)

图 5-2

图形标识的价值有以下三点：

- 有效识别和高效记忆

- 获取用户

- 调动好感

因此，如果有一个好的中文品牌名，大概率地就实现了这三个目的，又何必要设计一个图形标识来干扰用户呢？例如，全聚德、木米食、海底捞的名字，一看就懂，一听就明白，既好记忆，又有好感。（除非你要走向海外，否则无须设计一个看不懂、记不住、传不了的图形标识。）

如此看来，设计不易看懂的图形标识，绝对是一个大坑。

3. 为什么要"找到差异化战斗口号"

近五年来，整个餐饮业开始兴盛定位风，各种"××领域领导者、全城热销 100 万、非物质文化遗产"的口号开始流行。全聚德曾经以千万元重金请咨询公司设计出"宴请就去全聚德"。西贝莜面村请了中国三大知名咨询公司，最后找到华与华，创作出"I love 莜"的超级符号和超级话语。而巴奴凭一句"服务不是巴奴的特色，毛肚和菌汤才是"，关联火锅龙头企业海底捞，在郑州乃至全国掀起了一场"产品主义"对"服务主义"的公关大战。

越来越多的餐饮品牌将关注的焦点落在了"品牌名"企业、"品类名"和"战斗口号"上。从现象看本质,这说明餐饮生意进化到餐饮商业新阶段,餐饮老板也开始向餐饮创业家和企业家过渡。

从设计标识到找差异化战斗口号,说明了:

1)创业者民族自豪感升起,以汉字、中华符号为美,不再那么迷恋英文文字和英文符号。

2)竞争从品牌形象、装修环境时代,进入到品牌差异化、品质差异化、认知差异化的竞争时代。

3)企业从做表面功夫、追求形式转向深挖(打造)企业核心竞争力、构建品牌壁垒。

一句有力的战斗口号,表现了品牌的"与众不同",5秒让消费者产生选择你的理由。例如,"九锅一堂,能喝汤的酸菜鱼""太二酸菜鱼,酸菜比鱼好吃。"

一句有力的战斗口号,让消费者识别和认同你的独特价值,并口口相传。例如,"王品台塑牛排,一头牛仅供六客";西贝莜面村"闭着眼睛点,道道都好吃;不好吃,不要钱"。

一句有力的战斗口号,可以让一线服务员明确地向消费者传递品牌的差异化信息。例如,旺顺阁鱼头泡饼的"鱼头越大越好吃"。小妍子手制酸奶的"除了爱,无任何添加剂"。超能鹿战队健身减脂餐的"7天一周期越吃越瘦"。

一句有力的战斗口号,让竞争对手恨得牙痒痒,却无法发作。例如,巴奴毛肚火锅的"服务不是巴奴的特色,毛肚和菌汤才是。"

一句战斗口号,是企业存在于竞争市场的"理由与价值"的总和。

因此,我们就不难理解为什么这些龙头品牌纷纷要聘请战略咨询公司,花千万元重金也要挖掘出这句战斗口号。因为战斗口号就是向消费者心智发起进攻、打破认知屏障的冲锋号。

我在国内率先提出的"门头战略",本质上是强调在新的时期,门头就是战斗口号的最佳彰显地。

一个强有力的战斗口号,与"品牌名""品类名""信任状"完整地构成了品牌核弹头。这组核弹头,帮助品牌在信息碎片化,甚至是粉尘化时代,打破消费者心智屏障,引爆品牌。

口碑时代,我们需要在朋友圈传播高颜值、高格调的图片,但是高颜值、高格调的图片较容易被抄袭和模仿,而包含企业核心竞争力、差异化认知的战斗口号,无法被竞争对手模仿。海底捞永远不可能强调"毛肚特色",必胜客若叫出"榴莲比萨的开创者",就会被同行和消费者中的意见领袖不齿。

不单单是大品牌、大企业需要找到自己的战斗口号。初创品牌、中小品牌更是要把战斗口号上升到战略层级。没有(找不到)战斗口号的企业,说明没有自己的价值主张,没有自己的核心竞争力,没有一个鲜明的让消费者选择的理由,这样的品牌必将成为平庸的品牌、三流的品牌。

"除了爱,无任何添加剂"的东莞手制酸奶品牌"小妍子","千层蛋糕、万般宠爱"的惠州千层蛋糕品牌"蕾迪家",北京胡同美食"肠王德诚通"卤煮火锅的"越煮越有味",新疆餐酒馆开创者"山果巷"的"夜夜火爆的新疆音乐餐酒馆",外卖炒饭第一IP"隋炀帝炒饭"的"好吃又好玩"。这每一句战斗口号背后都隐藏着创始人对品牌的深度思考,也是其核心竞争力、粉丝感召力之所在。

而我开创的门头战略,一句"不换门头,就换老板",唤醒整个行业对门头的重新认知,成为我的品牌标签和符号;王小白的"无规划,不菜单"更是让海底捞、巴奴、眉州东坡、同庆楼选择王小白的菜单规划课程或服务。

想不明白就干不清楚,想不明白就是用战术上的勤奋去掩盖战略上的懒惰;最可怕的是你想不明白,但你的竞争对手对时代、对市场的理解和认知比你深刻；而一将无能，累死三军。

设计标识，是靠抽象思维，是靠设计语言，是一项专业技能，我们只能外包给第三方公司。

而寻找和思考战斗口号，只能靠创始人自己。最好的战斗口号，在创始人的初心里，在一线销售冠军的销售话语里，在消费者选择你、传播你的口碑里。但是企业往往陷在内部思维中，只单纯地从自身的优势出发，写出的广告口号既无差异化，更无战斗力。

我因为经常帮一些投资机构看餐饮项目，和投资人交流比较多。不止一个投资人跟我分享，一个创业者能不能用一句话，甚至一个词来表达和定义他的生意，就可以初步判断他的思考深度和思维能力。

曾有句话很火，"无商不奸"，其实应该是无商不"尖"。商人的本分是提供差异化的、超过普通水平的、冒尖的价值。而好的战斗口号就是把这个"尖"用直抵人心的方式讲出来。

要么出色，要么出局！从找到你的差异化战斗口号开始！

4. 装潢不代表品牌或品牌升级

不可否认的是：第一，由于进入购物中心的需要，现在的门店装潢越来越好；第二，由于我们进入到颜值时代，因此，店铺环境也越来越受消费者的重视。

但是，除非你是做奢侈品品牌和高端的线下消费，否则过度装潢会导致成本不合理或吓走你的消费者。

装潢的目的是满足消费者的体验，或者说增加消费者的体验。

以星巴克为例。大众以为星巴克是一家咖啡公司，但在我看来它其实是一家室内装潢设计公司。因为星巴克卖的不仅仅是咖啡，更是咖啡文化和社交场景。

星巴克的店从来没有让你感觉到多么高档奢华，但是它让人感觉非常自由、舒适、轻松。星巴克每一家店的装潢风格是完全不同的，甚至它会根据所在的位置和场景的不同，打造不同的门店形象。例如在城隍庙这样传统的旅游景点，一定会配合所在景区的文化属性。我在深圳机场看到的星巴克，设计师专门为配合深圳机场的穹顶而设计了镂空风格的星巴克门店装饰。

可以这么说，星巴克的装潢是为了增加消费者的体验感，增加消费者对咖啡文化属性的认同感。国内另一个做得非常棒的品牌就是喜茶，喜茶可以说是深得星巴克对咖啡文化和社交场景理解的精髓。

在中餐馆的场景打造里，或者说门店的装潢里，做得最好的应该就是西贝莜面村了。明厨明档,红白格子相间的桌布,戴着高高帽子的大厨,以及漂亮的"莜面妹"。让消费者既有一种在家里就餐的温馨感、亲切感;又像是在一个大的剧场里,看着他们忙前忙后地演出。

我非常认同巴奴毛肚火锅创始人杜中兵先生的理论,那就是服务和环境,一切都要围绕产品。环境是为了凸显产品,而不能让产品弱过于环境。

我的观点是:为了凸显产品,为了强化消费者的体验和创造独特的差异化的认知,花再多的钱装潢都是正确的;而相反,仅仅是为了显得高端、大气、上档次,或者仅仅是为了满足消费者的拍照炫耀而去装潢,是非常危险的。这几年我在全国观察到很多品牌由于过度装潢,导致新鲜劲过后,门可罗雀,经营惨淡。

事实上,中国前些年涌现出一大批拍照餐厅。它们因为绚丽的色彩,造型特殊的环境,而受到年轻一代拍照族的欢迎。但是,我们要知道,线下的门店不是婚纱摄影公司,也不是写真公司,消费者为了拍照只能来一两次尝鲜,不可能长期复购,而线下生意的本质是复购,没有复购就没有生意的存在。

我想这就是杜中兵先生所说的产品为王,服务和环境等一切围绕产品而来。

过度装潢不仅让消费者分散了对产品的注意力，同时也分散了创始人对产品的注意力。因为人们的思维往往有遮蔽性，短期内因为成为拍照网红店带来的成功，会让我们认为这是生意的本质，甚至有一些人还沾沾自喜。

另外，过度装潢的危害就是消费者可能因为看到你的装潢太高端了，不敢进门。我就看到一家快餐连锁企业在做品牌升级的时候，把店弄得金碧辉煌。一看就是请了知名的设计公司设计的，但是消费者却不敢进店，导致经营不佳。

最后，我想强调的是，所有品牌的成功都是创始人思维的成功。创始人知道如何为消费者创造价值，创造独特的差异化的价值和独特的差异化的品牌印象。这才是品牌成功的根本。

无论是哪一家设计公司，还是哪一家装潢公司，都只是为这个品牌锦上添花而已。我更喜欢华与华营销咨询公司的创始人华杉先生所说的，"西贝的成功是贾国龙先生的成功，不是我的，我们所有的策划人、创意人、设计人都不要贪天之功。"

有一些设计公司和装潢公司，因为做了两个成功的案例，就受到了市场的追捧，并且只追求自己的个性化表达，而不考虑生意的逻辑，更有强势的装饰装潢设计师不允许门店把品牌放大，认为这会破坏设计的美感。其实，设计是服务于品牌的，要方便顾客对品牌识别和产生好感，而不是为了设计作品的美感和获奖，上述强势的设计师的行为是非常自私和自嗨的表现。

在门店的装潢和设计上,我认为有以下两个原则。

(1)重视门头

把80%的精力和50%的费用花在门头上,因为它才是你的流量的根本。并且作为门店来说,你的每一个门头都是你的一个广告,都是你的一个品牌阵地。这一部分的内容在本书的上篇有详细的阐述,这里不再赘言。

(2)一切为产品服务,紧紧围绕着消费者的体验来打造门店的环境

这里我们要思考:我们的消费者是谁?他有什么样的生活习惯?什么样的审美情趣?什么样的消费理念?什么样的消费场景?他和谁一起来?他来的目的是什么?

在消费前(也就是进门前)、消费中和离开后,我们在环境的塑造上要给他制造什么样的惊喜?

这一点我觉得眉州东坡的创始人王刚先生有一个"三哇"理论就特别值得借鉴。

眉州东坡酒楼都有着一个独特文化品牌形象的门头。由于眉州东坡酒楼是一个请客吃饭社交的地方,因此当消费者看到这个门头的时候,就会觉得,"哇,这个门头好高大上,这家店好高大上。"

这是消费者的第一次"哇"。

走进眉州东坡酒楼的时候,又看到和尝到眉州东坡的产品,发出第二声赞叹,"哇,这么好吃。"

当消费者结账的时候,又发出第三次赞叹声,"哇,这么便宜"。

大家不要小看这三个"哇",它代表着运用了消费者体验的峰值和终值管理。正是这三个"哇"的理念。让眉州东坡成为京城当之无愧的川菜王,并创下 20 亿元的年销售额。

03

产品做好了就是品牌

1. 做好产品不代表拥有全部

人最大的问题就是,看别人,给别人打分低;看自己,给自己打分高。我们过高地估计了自己的眼界、判断力和能力。

我极少遇到有老板跟我说,他的产品做得不行。恰恰相反,每一个老板都说他的产品是这条街、这座城市，甚至是全国最好的。

自己的孩子就是棒，这是人之常情，可以理解；但是在商业上，具有这种思维就显得幼稚、可笑了。

别人生意好，一定有他生意好的道理。消费者不是傻子。

但是另外一方面，仅仅单纯把产品做好，就可以有很好的市场，就能够成为品牌吗？这件事我们要一分为二地看。

2. 产品为王：做好产品很重要

在互联网时代，产品是一维的，好产品是好品牌的重要组成部分。

经常有学员跟我说，其实我们的原料用得更好，我们的食材用得更好，我们比××家更怎么样。但是很遗憾，他的生意就是不如××家。

出现这样的情况往往不是因为消费者不识货，而是因为你不知道如何去表达自己的优势和长处。

我会跟我的学员说，你们就负责做好产品，我负责教你们如何卖好。

(1) 消费者感知到好的产品,才是好产品,才会说好

就好像说,有一些优秀的男生和优秀的女生,他们为什么很难找到另一半?其实往往不是自己的问题,而是他们不知道如何去表达和传播自己的优势。

这其实是一个专业活,我觉得这才是第三方公司,不管是设计公司还是策划公司,需要去做的事。

过去我们把它通俗地叫作包装,或者是高级一点的词叫形象传播。

在同质化激烈竞争时代,我把它称为差异化的表达。

第六章会重点讨论如何建立差异化的品类品牌。

(2) 没有附加值的好产品,没有实现成本重构的好产品,最终都会同质化

以餐饮业来举例。

难道我们真的做不过海底捞的火锅吗?我们的火锅产品会比海底捞的差吗?那为什么是海底捞成为中国的火锅王、餐饮王?

就是因为海底捞在标准的火锅产品上提供了超出消费者期望的服务体验。这种超出消费者期望的服务体验,给海底捞带

来巨大的口碑效应,并且帮助海底捞形成了内部的成本重构。我们通过海底捞的财报可以看到,海底捞的人工成本占整个成本的 30%,但是它的房租成本只占 4%。而同业的房租成本一般在 10%~20%。正是这样的成本,足够让海底捞把省下的房租补贴给员工,让员工拿到超额的工资和奖励,并把这种超额的工资和奖励回报到客户的服务上。这就形成了一个正向的循环,从而给海底捞带来源源不断的口碑和源源不断的客流。

同样,西贝莜面村也是这样。经常会有人跟我说,其实我觉得西贝的产品很一般。他总觉得自己能做出比西贝更好的产品,我就反问他,那为什么你的产品比西贝好,比西贝还便宜,你的生意却不火呢?你思考过这个问题吗?

西贝莜面村早在若干年前就开始使用无添加鸡精、无添加剂的安全食材和安全调味料。因此它的食材成本和加工成本是远远高过同行的。但是这种健康安全的食品属性,恰恰是中国消费者,尤其是中产消费者最渴望的。我们可以看到,在西贝的店里,双休日的时候,往往都是中产阶层的家庭,也就是爸爸、妈妈带着孩子和他们的外公、外婆、爷爷、奶奶,融洽一堂地消费。

同时,西贝推出"闭着眼睛点,道道都好吃",并强制要求每一个门店每个月有 2% 的退菜率,也就是让消费者没有任何风险、没有任何顾虑地选择西贝的产品。

其实，这样的退货都是需要成本的。但是，西贝由于高品质、高价格，就实现了它的成本重构。

04

店开多了不一定就成为品牌

我跟餐饮连锁企业接触较多，一些老板经常跟我讲，老师你讲得那么复杂，什么品牌呀，店开多了就是品牌。

1. 先有鸡还是先有蛋

恰恰不是因为店开多了，才是品牌；而是因为有了品牌，所以才开多了店。

品牌的本质是获取客户。因为你是品牌，你有获取客户的能力；所以就有更多的市场需要，无论这个市场是消费者还是加盟商。

如果你没有获客能力,你就不是品牌,就只是一个牌子。

衡量你是品牌还是牌子,道理非常简单,就看你自己经营的门店是否能够盈利,并且是大幅盈利。

同时,还有一个衡量的标准就是,你的加盟商加盟了你的店之后,在当地是否能够凭借这个品牌而获客。如果他加盟了你的品牌,在当地不能获客,或者说他的获客是靠他租了一个更好的位置,那么你就危险了,很快他就可以把你的品牌换成他的牌子了。

2. 分散的门店,再多也不是品牌

由于加盟连锁管理不规范,所以很多门店在只有一家店,甚至自己都没有直营店的时候,就开始粗放地做起了加盟生意。

很快他们就有了数十上百家门店,甚至有的牌子运作得好,能达到上千家门店。

但是这些门店经营者的思想不同,经营的方式不同,甚至于他们经营的产品都不是统一标准的。

这种现象在竞争不激烈的时期是广泛存在的,但是到了今天,市场竞争越来越激烈,各行各业都有正规军入场的时候,这种散点式的加盟就变得非常危险。

第 5 章
建立品牌的四大误区

我在第七章"从区域旺铺到区域称王是品牌发展必由之路"里会重点阐释。

以上四节内容讲述的建立品牌的四大误区,是我在实际中与餐饮业老板交流时发现最多的问题。这些误区要么阻碍了大家建立品牌的方向,要么搞错了建立品牌的方向,让很多老板对品牌建立充满了神秘感,甚至恐惧感。

我们只有拥有正确的品牌观,才能真正建立强势的品牌。

06

> 差异化就是:人多的地方不要去;与其更好,
> 不如不同。

Chapter
Six

第 6 章

只有差异化的品类品牌才能赚大钱

Chapter Six

差异化就是:人多的地方不要去;与其更好,不如不同。

我在 2015 年成立了未来食这家公司，最初的想法是联合投资人帮助餐饮企业做餐饮产业的加速器。因此，我接触了很多跟餐饮业上下游相关的投资机构和著名投资人。

风险投资的本质，就是用今天的眼光和今天的资本，投给未来最有增值潜力的人和品牌，获取超高额的回报。

站在巨人的肩膀上看未来。他们是用真金白银在践行自己的未来认知和判断。

网聚资本合伙人张卫说，未来只有差异化的品类品牌才能赚到钱。

中国最大的餐饮产业资本——弘毅投资董事总经理王小龙说过：未来的二十年，中国在餐饮业一定会诞生 50～100 个超过 1000 家门店的连锁差异化品类品牌，我希望我们弘毅资本能投中和占据其中的 20%。

吉野家总裁、海阔天空基金创始人洪明基先生讲过：我的愿景和使命，就是带更多的中国优秀的餐饮差异化品类品牌走向全世界。

这三位优秀的投资人共同提到两个关键词——差异化和品类品牌。这也是我为什么会从 2015 年起，在国内餐饮圈人力推广新品类、新物种的思想。

差异化就是要摆脱跟风、抄袭，从而基于市场趋势、自身优势、消费者需求进行创新。诸如绝味投资的和府捞面，是在传统苏式、上海捞面的基础上，创新了产品、服务等一系列流程体验，从而在竞争激烈的传统面食里脱颖而出，成为行业的佼佼者。

01

差异化就是敢于创新，勇争第一

第一无须定位，第一就是最好的定位，敢于抢占第一比什么都重要。

过去餐饮业最大的恶习，就是跟风和抄袭。老板带着厨师长全国各地考察（抄袭），看到别人的新菜品、新模式火了，就原版复制到自己店里。结果是烤鱼火了，加烤鱼；牛蛙火了，加牛蛙；龙虾火了，必须有。弄得自己店里五花八门，什么都有，什么都不精。

这种方法在经济短缺时代可行，那时消费者还没有见过太多世面，当然是一家店里的产品多多益善。可是在今天消费者早已经吃遍全城，甚至吃遍全国，再也不满足大杂烩式的餐厅，并快速逃离那些没有差异化特色、没有招牌绝活、没有独特体验的门店。

如此，大路货沦为平庸，最终被优质的消费者抛弃，仅仅依靠低价促销、打折来获取客户。

我在前言中就引用了西贝莜面村创始人贾国龙先生最喜欢的一句话：不争第一，我们做什么？

这也是我自己的人生哲学，或者说是我的价值观。在过去近20年的广告生涯里，我也创下过多次第一。我痛恨抄袭和模仿，鼓励创新和创意。这是我在进入餐饮行业后支持诸如黄太吉、人人湘、金百万这类创新创业企业的原因。虽然后来他们各有成败，取得的成绩有大有小，但是他们对中国餐饮业带来的创新思潮和创新方向是有重大贡献的。

1. 人们只能记住第一

世界上的最高峰是珠穆朗玛峰，那么第二高峰呢？

世界上第一个登上月球的人是阿姆斯特朗，那么第二人是谁呢？

世界上第一辆电动汽车品牌是特斯拉，那么第二个电动汽车品牌是谁呢？

第 6 章
只有差异化的品类品牌才能赚大钱

在信息爆炸的移动互联网时代,由于信息的碎片化,人们大脑的存储空间更加有限,能够记住的只有数一数二的几个品牌。

甚至对一些有着网络效应的平台而言,它们是赢家通吃的。第一名的份额甚至可能是第二名的数倍。

你只有记住这个品牌,才会想起这个品牌;你只有想起这个品牌,才可能购买这个品牌,并且是指名购买;也就是说你还没有看到这个产品,还没有到店里,你已经决定要买这个产品了。

那么,顾客流量就是由这个产品、这个品牌带来的,而不是靠门店位置、互联网平台的导购而带来的。此时,你才有谈判空间和议价能力。

就像在传统的零售业,可口可乐、宝洁,以及康师傅这些产品,进到大卖场是可以不付进场费,甚至是少付进场费的。因为,如果在这些渠道里面买不到可口可乐,买不到宝洁公司的产品,那么你就会怀疑这个渠道的能力。

同样的,在所有的品牌都叫苦连天,在抱怨美团点评、美团外卖、饿了么用霸王条款欺压中小商家的时候,你知道它们每一年是需要给海底捞和西贝巨额补贴的,因为它们是中国火锅的第一和中国中餐的第一。第一胜过一切,第一胜过最好。

2. 市场呼唤第一，奖励第一

人类的生存法则就是优胜劣汰。

商业的竞争法则同样是胜者为王，赢家通吃。

战场把土地和财富奖励给最后的胜利者；赛场把荣誉和金钱奖励给冠军；商场把最好的顾客，最好的人才，最好的资源，都奖励给第一。

市场需要这些勇争第一的企业来制定行业的标准和规则，同时提升整个行业的竞争水平和服务水平。

海底捞的张勇为了能够在四川简阳那样的竞争市场里活下来，第一个大胆地做好了服务。可以说他既是顺应了市场竞争的需求和消费者的需求，也是勇于创新的代表。我们今天能够在各种餐饮店体验到更好的服务，海底捞功不可没。它的服务，即便是在海外的发达市场，诸如美国、新加坡，也能够受到整个市场的疯狂的追捧，这就是它的第一给它带来的红利。媒体、消费者、同行等，都在讨论它，都在以海底捞为榜样。甚至连雷军在创立小米公司之前，都要去拜访这家公司。互联网高新技术公司向一个传统的服务业公司学习，这在历史上是头一遭。

西贝莜面村的贾总更是一路领先、一路第一。从内蒙古临河地区出发,他是当地第一个敢把店开在北京的;第一个敢动用媒体大量宣传自己的门店的,要知道那可是在二三十年前;第一个走进联合国宣传莜面;第一个和《舌尖上的中国》美食达人采用战略合作的;第一个率先郑重承诺所有菜品及调味品均不添加味精、鸡精、香精、色素等任何添加剂的。

第一个在中国提出"闭着眼睛点,道道都好吃,不好吃,就退钱"。正是做着无数个第一,让西贝获得了眼球,获得了媒体的关注,同时扎扎实实地落实,也赢得了消费者的心。

所有的第一,不是为了宣传,而是对自我的挑战。无数个第一的背后,牺牲了企业短期的利润,但却赢来了企业长远的发展。

3. 第一既是市场的需要,也是我们创业的心态

我们作为家长,总是期盼我们的孩子考试能够争取得到班级的第一、年级的第一、全校的第一、全县的第一。

那么想想,作为成年人的我们,作为为自己负责任的我们,我们在自己的工作上、在自己的创业生涯当中,有没有让自己勇争第一的意识?

第一首先是一种心态和一种意识,它会让我们有追求更高标准、

更多创新、敢为人先的意识。

如果你去研究成功的企业家，会发现他们首先都是因为有这样的意识，才会有最终的行为和结果。

如果你连想都不敢想，那么我劝你还是不要参与市场的竞争了。

如果你创业只是想养家糊口，或者说只是想做一个小生意，可能最后是惨淡收场。因为市场有无数想争第一的人，他们能够提供更好的服务，就把你这样没有想法的人淘汰了。

你不敢喊出要做第一、永争第一，是不敢挑战自我；那么就一定会有那些想争第一的人来挑战你，战胜你。

当然做第一一定会有风险，而创业的过程本身就是一个承担风险的过程。

模仿、跟风、抄袭，看起来是安全的，是没有风险的，其实那是最大的风险。

吴京敢于冒着个人资产破产的风险，投资了自己主演的《战狼2》，然后又冒着7000万元资金损失的风险，参与和投资了影片《流浪地球》。但是，战狼是中国第一个宣扬个人英雄主义和爱国主义的战争题材片，《流浪地球》是中国第一个真正的硬核科幻片。

正是有像吴京这样的人具有勇于挑战自我，不惜一切代价，敢丁冒风险,并且全力以赴的精神,并在这种精神的激励下提供优良的作品,才带给所有消费者耳目一新的感觉。两部销售额在 50 亿元以上的影片都和吴京密不可分。结果,吴京成为中国第一个 100 亿元票房先生。

这看似偶然,实际是民心所向,市场所向。

竞争需要我们创新,同时,市场鼓励创新,国家鼓励创新,人心也鼓励创新。

我从 1992 年就接触定位理论,并用定位理论指导自己的人生发展和事业发展。我非常尊重和感激特劳特和里斯先生,但我不想做他们知识的搬运工,而是活用定位理论并转化为自己的语言和自己的知识体系。不是讲道理,而是"做道理",我认为这才是一个研究者、一个知识工作者的最大突破。我所提出的门头战略,继承了定位和品类的思想;但又结合了门店的发展和竞争情况,以及门店品牌建立的特殊性,开创了新的研究方向。

4. 中华餐饮千载难逢的新品类机遇

我们所处在的历史时期,是在未来的 20 年里将产生全世界最大规模中产阶层的时期。

国家鼓励从中国制造到中国创造。

各大投资机构都这么说，中国所有的行业都值得重新再做一遍。我的看法是，所谓的重新再做一遍，就是诞生了新的需求，新的场景呼唤新的品类。

在人工智能、大数据等科技日新月异突破的时代，各行各业应该遵循自己行业的道，找到自己行业发展的本质规律和原则，积极大胆地拥抱新技术、新思维，创造新的物种——新品类！

正如里斯先生所说，开创并占据一个新的品类，是唯一的战略。

在消费升级和消费分层的大背景下，事实上我们今天看到的竞争和看到的供大于求，都是同质化的供大于求，消费者的需求远远没有被满足。

无论是在餐饮业，还是其他各种服务行业，新场景、新物种、新品类，层出不穷。和西方发达国家比较起来，我们还存在着大量的创新机会。

比如，在餐饮行业中，从早期的饭馆、饭店，到各大菜系，再到今天，每一个菜系的热门爆款，以及各种知名小吃都可以分化成各种各样的新品类。单单一个火锅就有川式火锅、广式火锅等各种各样的门类。尽管满大街都是川渝老火锅，但事实上我们静下心来想一想，消费者吃火锅难道只吃这一种吗？因此我们就诞生了潮汕牛肉火锅、香港的打边炉火锅等。

尤其是在中国的餐饮业,我们有着无数的菜系和品种。我们的地域广阔、文化多元,有诞生新品类最广袤的土壤。

每一个超级的品类都是一个超级大 IP,也都是一座大的金矿,或者是宝藏,等待着慧眼识珠的人去抢占和开发。

02

与其更好,不如不同

中美两国的创业者有着迥然不同的创业观。

我们是在任何一个领域,只要有人做了,就会有无数人马上跟进,甚至资本也会不惜代价,前赴后继。因此,我们看到这些年无论是 O2O 也好,餐饮+互联网也好,还是像近年的共享经济,由于有大规模的创始人和资本在一个领域里面角逐,最终剩下来的只是少数,并且往往是资本疯狂过后一地鸡毛。

2018 年年底到 2019 年年初时,整个市场开始冷静。ofo 小黄车的彻底失败、滴滴打车的巨额亏损和互联网业大规模的裁员预示着粗放的、大水漫灌式的发展方式,在各个领域都无法再走下去。

1. 40年的发展红利彻底过去,餐饮业正迎来绝大多数人的冰川纪

我们必须真诚地认识到整个市场,从原来的增量经济到了存量经济时代。从追求量到追求质,这是经济发展的必然。

2018年餐饮业响起一片高歌猛进声;2017年全国餐饮消费额增加10%,上升到4万亿元。中国餐饮业看似一片繁荣。

然而,最近的两个信号,让我隐隐听到了冰川纪到来的声音。

一则是北京服务员的月起薪价已经达到4000元,一家不起眼的小饭店招募服务员,收入是4000元～6000元,且包吃住。

一夜之间,仿佛每个老板都在喊着人力资源荒,甚至在朋友圈纷纷发出:菩萨,请赐给我两个服务员吧。餐饮业人力紧缺已经出现。

另一则消息看上去与餐饮业毫不相关,是全国各大二线城市,甚至包括一线城市加入全国抢夺人才的大战,纷纷开出极具诱惑力的条件来吸引应届的大学毕业生,也就是本科以上学历的毕业生,当然也不乏包括硕士研究生和博士研究生。

为什么说从这两个信号中我闻到了冰川纪到来的气息,原因很简单。我们来看一组数据,中国的出生人口呈断崖式下跌,"80后"出生人口为 2.28 亿,而"90 后"出生人口则是 1.74 亿,"2000后"更是跌到了不可思议的 1.26 亿。

整整比"80 后"少了一亿人。

这些少出生的人口,意味着不仅仅缺失劳动力,更意味着年轻一代消费人口大幅下降,要知道一个人消费欲望最强烈的时候,就是在他大学毕业后的前五年内,这几乎是一个非理性消费的黄金年份,只有大量新增人口才能确保经济和消费的繁荣。

看到这组数据的暴跌,就不难理解为什么各大城市纷纷抢夺人才。因为对于这些城市来讲,这些人才既可以消化当地的房产,也可以创造新的就业和拉动城市新的消费。

日本的餐饮业曾经在 20 世纪 90 年代达到高峰。从此,就再也没有回到那个高峰的数值,其中最主要的原因就是人口断崖式地下跌,新增人口不足,整个国家进入人口老龄化社会,导致整个社会的消费力不足。

(1)中国餐饮业面临三重打击

中国的餐饮业,我认为即将迎来的是三重共振式的打击。

第一重是我刚刚提到的，人口的断崖式下跌。这是硬伤，无法逆转，无法躲避。（即便放开计划生育，也要在 20 年之后才能成为消费力和就业力。）

第二重就是整个餐饮渠道发生巨大的变革。全国的购物中心已经达到万家，也就意味着任何一个品牌都可以通过购物中心这样的标准化渠道在全国攻城略地，对于一线品牌来讲，它们迎来了最好的扩张时机。

因此我们不难理解为什么海底捞在这个时间节点上上市。张勇曾经说海底捞是不打算上市的，在这个时间点上市，我认为有两个原因：首先，他要提振整个品牌的势能，以对抗诸如像巴奴、呷哺呷哺这些后进者的侧翼攻击。其次，张勇要携资本的优势，在全国以及海外进行大规模扩张，以巩固其**中华火锅第一品牌**的江湖地位。

同时我们看到，尤其是在一线城市的各大便利店快速扩张，便利店显然已经成为餐饮业在线下最主要的竞争对手，它对快餐，尤其是街边的小餐饮店，那些卫生程度不达标的个体户，造成了巨大的打击。对于标准化、工业化的食物来讲，便利店可以大幅降低成本，同时又可以通过零售模式，以更便利、更安全、更快捷的方式把产品送到消费者手中。

可以说，购物中心和便利店这两大规模化渠道的变革是在助推

第6章
只有差异化的品类品牌才能赚大钱

强势品牌的诞生，同时也是对散小乱差的个体餐饮户的毁火式打击。

第三重就是中国独有的互联网侵袭。一方面外卖平台在中国的强势和迅猛增长，凭借补贴模式以每年50%的复合增长率递增，实际上外卖就是餐饮的零售化。通过数字化的外卖平台，可以让餐饮企业的生产变得更加简单，服务更加可控，扩张更加迅猛。所以，就不难理解，近年来涌现出大批以外卖为核心的加盟连锁的品牌。

就此，我们预判外卖主要是改变了消费者的两种就餐方式，一种是对家庭厨房的颠覆，另外一种是对原来的快餐及快餐连锁店的延伸和蚕食。

更可怕的力量其实来源于阿里巴巴、腾讯、京东、小米等互联网生态企业，它们对线下流量的抢夺迅速渗透到餐饮业。我们看到的盒马鲜生、7FRESH，以及其他一些带有明显互联网基因的新零售业态，仅仅是这些互联网巨头对线下餐饮业渗透的试水。半年前，人们还只是对盒马鲜生产生好奇，半年后盒马鲜生以及它所代表的新零售引起行业的高度重视。

因为在它们的眼里，流量和用户数据才是这个世界上最宝贵的财富，互联网公司所有的法则都基于流量和数据。当线上的每一个获客成本上升到一百元甚至数百元时，而线下餐饮业的每一个获客成本才为个位数,这让互联网巨头像发现新大陆一样欣喜若狂。

因此,这两年我们听到的最时髦的名词,所谓的新零售,不过是互联网巨头掩盖他们在疯狂抢夺线下流量的真实意图。

我向我的导师吉野家的总裁洪明基先生请教时,他就说道,对于线下的餐饮和线上的互联网巨头的新餐饮而言,大家绝不是在一个公平的跑道上竞争。

虽然大家看上去干的是同样的事情,都是通过售卖餐饮食物、售卖服务而获利。但是对于线下的餐饮店而言,它只经营了产品,而不经营数据和人群;而对于线上的互联网巨头而言,它们虽然也在售卖餐饮产品,但是本质上它们是在经营用户和数据。

因此,资本对线下的传统餐饮店按服务业的标准来估值,也就是最多 10 倍到 20 倍,且必须以利润指标来衡量。而对互联网巨头创办的新零售餐饮企业的估值是按互联网的标准来计算的,可能高达百倍,甚至是数百倍,且无须短期盈利。(这样互联网新餐饮就可以在资本支持下快速扩张。)

这绝不是危言耸听,而是不同的物种(商业模式)在资本的眼里有着不同的估值体系。

我们的线下餐饮企业必须迅速拥抱互联网,迅速使用 SaaS 系统和全面数据化,在线化我们的产品、服务、用户,掌握自己的数据,否则我们将毫无胜算,并拱手把最宝贵的用户资产和数据资产免费送给互联网平台。

另外,我们还迎来了真正消费者的代际变化。对于"70后"和"80后"而言,其实他们本身并没有太大的差异,这一点我们从去卡拉 OK 厅就能够看出来,在卡拉 OK 厅里,"70后"和"80后"唱的是几乎同样的歌曲,他们同样喜欢张国荣、谭咏麟、张学友。而你跟一个"90后"去卡拉 OK 厅,你们就像完全两个不同时代的人,他们所认识的明星是我们完全不熟悉,甚至是极度陌生的。

这也就意味着"90后"才是真正的代际变化,当我们还没有开始了解"90后"时,"2000后"即将进入市场,最早一代的"2000后",今年已经满 19 岁了。

"90后"有几个显著的特点:第一,他们是游戏的一代。他们从小就开始接触电脑游戏和网络游戏,对于他们来说,游戏是人生重要的组成部分。所以,娱乐带来的即时消费、即时满足才是他们的消费观。

第二,他们是电商消费的一代。他们从小就在互联网上购买所需要的一切。因此,用手机购买商品的习惯无须培养,餐饮店老板不要再纠结是否应该使用移动支付，只是你还不习惯而已，你的顾客早已习惯了。

第三，由于"90后"家庭普遍较为富裕，他们成为真正自我的、独立的一代，也就是说很多年轻一代的消费者，不再真正为经济而去打工，他们可以按照他们的想法和意愿去过他们想过的生活。

第四，他们又是超前消费的一代。一方面，我们可以看到，无论是信用卡还是各种消费贷，他们的核心目标就是这群"90后"和"2000后"年轻人，我们就不难理解，为什么校园里面的金融白条会如此昌盛？另一方面，由于他们大多数还没有真正的经济收入，所以注重性价比依然是他们的首选。

在饮食的消费上，他们有一个明显区别于"70后"的特征，就是因为他们从小没有过饥饿感，因此他们对食物不追求暴饮暴食，而是具有碎片化的饮食习惯。

他们没有严格的一日三餐的习惯，有时可以一日一餐，也可以一日五餐、六餐。

我们可以从一个时髦的网络语言"种草"和"拔草"，来看出他们的餐饮消费理念非常奇特。"70后"的餐饮消费是"吃"，而"90后"的餐饮消费是"逛"。

一方面,由于他们见过更多的世面,有更多的独立选择;另一方面,他们又表现出为了不让自己显得落后,却又会和同龄人、同时代的消费者一样跟风和盲从。

同时他们表现出对餐饮品牌和餐饮企业的忠诚度极低。他们对新鲜事物接受极快,同时转变也非常快。

(2)餐饮企业的竞争对手发生变化

第一个表现就是,上文中提到的互联网巨头使用的是资本逻辑、流量逻辑、数据逻辑来参与和传统线下餐饮店的竞争。这已经不仅仅是高维打低维,而是一种极度不公平的竞争。

第二个表现就是,高级人才加高级资本的加持,或者我们称为头部人才加头部资本的联合。诸如像喜茶、奈雪的茶,这一批新互联网餐饮品牌,当它们获得资本的支持,又在社交网络上大肆传播的时候,伴随着购物中心渠道的力量,就能在全国快速扩张。

这一轮的互联网餐饮品牌和 2010 年年初的互联网餐饮品牌有着显著的不同,就是创业者表现为更懂餐饮,同时更注重产品和上游供应链,意味着他们对整个餐饮的本质有了更深刻的理解。

因此我们就不能用网红品牌,或者说叫一阵风品牌去轻视和忽略它们。

第三个不可忽视的力量就是我国市场对外资资本的持续开放。我们很有可能会更加开放我们的消费、零售以及服务业给外资品牌。而外资品牌对中国市场已经有了近30年的摸索，它们再也不是过去的那些"洋海龟"，它们更懂中国，更有资本和人才的优势。同时不排除，外资和国家资本以及央企的联合。这种强强联合，事实上对民间资本和民间的创业者来说，都是不好的消息。（麦当劳、百胜都在和国内的央企和国企合作。）

第四个是一线品牌开始用品牌矩阵在全国推进它们的版图。

我们看到海底捞开始上市，并推出u鼎冒菜，不排除它以并购和自创品牌的方式，在全国建设自己的品牌矩阵；而呷哺呷哺在香港上市、大获成功，并且推出凑凑火锅品牌，也在全国获得迅猛增长。

至于西贝，虽然它在近两年的时间推出的小餐饮品牌不太顺利；但是，今天"满满"杂粮蛋糕的成功，以及又开始在上海测试它们的新快餐模型，都在表明绝不可能放弃即将到来的大洗牌。

我经常提醒学员，餐饮业再也不是过去的手工劳作，也不再是过去的所谓的靠匠心而参与竞争。餐饮业已经彻底地进入了规模化、品牌化、高效率的新竞争时代。

我常常跟身边的餐饮人举例，在 20 世纪八九十年代的时候，我们身边每一个人所使用的都是区域性和地方性的快消品牌和家电品牌。比如我生活在南京，酱油有"机轮"，洗衣粉有"加佳"；我们的家电有"熊猫""三乐"，我们的摩托车有"金城"。但是今天这些品牌几乎都从市场竞争中败退，甚至消失了。

原因就是，渠道的变革带来了全国性品牌的野蛮扩张。苏宁、国美的大型连锁家电卖场，联华、华联、家乐福、沃尔玛的大型连锁超市，都让这些地方性品牌受到了毁灭性的打击。

从国家的政策来看，从行业的发展趋势来看，任何行业都必将从散小乱差的个体户模式，向更高效率、更安全的规模化和连锁化品牌集中。

因此，无论我们今天做到多大的规模，只要不能清醒地看到时代的变革，不能看到外部环境、消费者发生的变化，以及竞争对手发生的变化，不能时时刻刻保持危机感，居安思危，那么对于任何一家企业来说，都将遭受毁灭性的打击！

真正的普通餐饮人的冰川纪随时到来，你为此做了哪些准备？

2. 任何国家的市场经济发展都要经历三个时代

（1）供小于求的生产时代

我们国家基本上从 20 世纪 80 年代到 21 世纪初都是这样的。这个时代的特点就是只要你胆子大、敢干，不管你如何粗制滥造，还是假冒伪劣，因为市场是饥渴的，只要你能够生产出来，就能卖得出去。温州的"星期鞋"，大市场里假冒的高仿名牌，就是这个时代的"杰出代表"。

（2）供需平衡的市场时代

这个时代的特征就是，总体上供需是相对平衡的，或者说叫作供需两旺。我们国家从 21 世纪初到 2015 年，大致上就处在这样的一个阶段。

（3）心智时代

从 2015 年起，我们开始迎来了心智时代。整体上在一二线城市，尤其是在中产阶层的消费理念里，大家不再追求数量、追求价格，而是追求个人身份、个人情感和个人价值观的表达。我们的衣食住行，无论在哪一个领域都会首选品牌产品或者品牌服务。这是市场充分竞争的必然结果。如果你的品牌不能成为消费者购物时的首选，不能进入他日常的采购目录中，不能在他的心智中占有独特位置，你的企业将活得非常艰难。

03
如何打造差异化的品类品牌

1. 品类的背后是文化,掌握区域属性、文化属性两大关键着力点

我以区域属性、文化属性最强烈的餐饮行业为例做介绍。这个行业,一方面会出现规模化的品牌;另一方面,由于区域属性、文化属性极强,会诞生更多的把握区域属性、文化属性的地域品牌。

我们的一位会员企业叫阳坊胜利涮羊肉,它根植于阳坊这样一个自古牧羊、交易羊的区域,处在北京最激烈的老北京涮羊肉火锅品类中。从一个小镇出发,从一个小摊开始,它坚持和坚守做好一锅好羊肉,成为阳坊镇上支柱型企业,并带动了整个区域养羊和羊肉火锅产业的发展。

这个离北京市中心近 50 公里的小镇,每天都吸引着大量的来自全国各地的人去吃羊肉火锅。数十年来，无论外界发生什么样的变化，这个企业都只坚守自己的品类阵地。不盲动，不盲目做多元化，今天它也从这个小镇走向了全国。

我在前面提到的一位学员在重庆这样的一个美食如云、高手如林的竞争之地打出一片天地。他曾经也深陷热门品类重庆小面当中。当他懂得重新挖掘重庆抄手的文化属性，创新地做出 5 种汤料的抄手，并创立仇婆抄手品牌后，立刻就受到重庆电视台、中央电视台二套的报道。这就是我讲到的，挖掘区域属性，挖掘文化属性，借文化的力量。

我们还有一位会员在张家港地区做了一个传统的西餐，但是由于近年来受到必胜客以及其他西餐的挤压，找不到发展的方向。他从 2015 年起跟随我们学习，从他的店中挖掘出几款炒饭，并注册了"隋炀帝炒饭"商标。同时他把握住外卖渠道的大趋势。他立志终生要把炒饭，尤其是扬州炒饭，做成为中国的第四大快餐。如今他也获得了中国最大的餐饮隐形冠军"正新鸡排"的战略合作。

如果他还是用老的思路，不舍得放弃过去的传统西餐厅，他今天还会深陷在同质化的竞争当中。

2. 充分挖掘自身的优势和资源禀赋

《孙子兵法》云，知己知彼，百战不殆。

我们今天很多生意人和创业者，实际上是不合格的。他们既做不到知己，也做不到知彼，看什么火就做什么。

作为餐饮品类的研究者，我经常会收到各种各样的咨询。当卤鹅火的时候就会有人来问我卤鹅怎么样？当串串火的时候又来问我串串这个品类如何？

我的回答是，只要不是伪品类，只要不是太小众的品类，中国餐饮业里面的每一个品类都非常好，都值得重做一次。

但是，你现在看到的这些火爆的品类，跟你无关。因为它们既不符合你的自身优势，也不是你的资源禀赋。以卤鹅为例，陈鹏鹏在潮汕地区挖掘出卤鹅这个品类，并用全新的模式重塑了这个品类，在广州、深圳地区声名大振。让这样一个藏在深闺中的传统美食走进了全国食客的视野。

我想陈鹏鹏一定是做了足够充分的准备。无论是从上游的供应链，鹅的品种，还是卤制的方法和工艺，加上他多年在西贝沉淀的对产品研发的经验，这才是陈鹏鹏卤鹅的成功之道。

而对于一个只是听说卤鹅火热的创业者而言，你没有任何的资源和优势参与到这个品类的开发当中。如果匆匆上阵就能做好这个产品，这完全不符合事物发展的规律。

九毛九集团旗下的太二酸菜鱼，火遍大江南北，几乎成为老坛酸菜鱼的代名词。有人认为这是九毛九踩到酸菜鱼的风口了，却哪里知道这道酸菜鱼原本就是九毛九多年大卖的一道菜。更难得的是很多年前，九毛九的创始人管毅宏先生就开始思考集团内部的裂变式创业，选拔培养了大量的优秀人才。

外人看到的一战而胜、一举成名，都是别人私下里多年努力的结果。

一个匆匆上阵的业余选手，如果能够和一个职业化的专业选手同台竞技，你觉得谁的胜算更大呢？

前面讲到的隋炀帝炒饭，它的创始人蔡亮先生，有着多年的餐饮经营管理经验，还有着奢侈品经营的经验，同时对广告品牌和社群运营，又有着多年的研究和实践。而这个炒饭本身就是他店里的爆款。他这么多年的累积，只是因为聚焦在了一款简单的炒饭上。他足够的专注聚焦和足够的研究精神，才是他参与到炒饭大战当中的优势和资源禀赋。

鸭子在水上轻松地游动，但是我们看不到它在水底下双脚不停地在划动。所有成功的背后都不是偶然性，而是必然性。这种必然是创始人专注聚焦的必然。

3. 寻找未被满足的客群和场景

目前总体上存在消费分层和多元化的表现。

在过去，我们把所有人都当成同一种人，都当成价格敏感型顾客；所以，我们能看到在各行各业都是以价格战为核心的经营思路。而到了如今这个时代，已存在大量未被满足的客群和场景。

在中华第一商圈——南京新街口商圈，仅仅方圆数公里的地方，居然涌现出十余家商业广场，但最终脱颖而出的是德基广场。不是因为它高大上，而是它满足了中产阶层以及城市最富裕阶层的购物消费的场景需求。

曾经被南京商业界评为死亡之地的虹悦城，因为地处立交桥下，离地铁有近两公里的路程，可谓交通非常不便。周边又缺乏成熟的大型社区。并且，前后5公里分别有两家成熟的购物中心。

但是在吴正梅总经理的领导下，它以独特的 6+1 商场的定位，在 2012 年，又凭借新媒体微博营销的传播方式，大获成功。他们没有走传统商城的老路，也没有跟风模仿当时人气最旺的新百、金鹰，而是找到一个细分的客群，全新的场景，踏上成功之路。

当整个商圈和购物中心里充满了川菜和湘菜这些重口味产品的时候，西贝牢牢把握住 6+1 家庭的消费场景，满足了老人和儿童不吃辣、追求健康食材的心理，成为中产家庭消费的首选。每到双休日，我们都可以看到在西贝的门前等候区，坐满了中产阶层的家庭。

被誉为南京餐饮泰斗的吕晓阳先生从事餐饮 20 多年时间，不断地走出来学习，锐意创新。他在德基广场经营的南京首家闺蜜餐厅"木瓜花西贡花园餐厅"，化解了门店区域位置闭塞的影响，一经开业就火爆全城，成为人们跟风和模仿的对象。

而他后来又在德基广场开出的德香茶楼，更成为"80 后""90 后"带父母家庭聚餐的首选餐厅，更是时尚人士的打卡圣地。

4. 永远要记住竞争和用户才是影响你做决策的重要变量

在企业的内部，我们往往没有科学的决策机制，大多数情况下都是老板一拍脑袋就上马项目了。员工和干部往往是没有投票权的，而合伙人往往也很难提出反对意见。

在竞争激烈的当下，我们能不能做一件事情，它不是由自己决定的，而是由我们的竞争对手决定的。

（1）绝对不要滑到巨头的赛道当中

比如，你在海底捞旁边开一个川味的火锅，你觉得你会有胜算吗？

我们有一位学员开了一家海鲜自助，结果当华东地区最大的海鲜自助品牌多伦多开在了他的楼上时，他的客群瞬间就完全被瓦解。

他后来用各种方法做海鲜，我给他的建议就是：你能做什么，不是由你决定，而是由多伦多集团决定的。你在海鲜这条路上做任何探索，都会被它迅速跟进。

（2）一定要跟巨头反着做，对着干，而不能跟着干

如果呷哺呷哺在京城做大火锅、四川火锅，早就被更早成名的海底捞压制住成长机会，而它走了快餐式、吧台式火锅这条路，就诞生了年销售额三十多亿元、市值百亿元的公司。

（3）务必在区域内做出差异化的品牌

为什么投资人会说只有差异化的品类品牌才能赚到钱？

因为比规模、比成本，将来谁也比不了 7-11、盒马鲜生，以及

诸如老乡鸡、老娘舅、五芳斋等大型连锁品牌。随着人们健康意识的增强,这些大型连锁品牌几乎是首选。

小品牌必须走差异化路线,找到一个守得住的区域市场发展壮大。

中国市场广阔,餐饮是区域特征极其明显的行业,成为区域强势品牌是必由之路。(详见第七章)

(4)重点关注顾客的心智是否被占领,是否已经心有所属

绝大多数的顾客出现了物质过剩,也就是说如果你的产品没有差异化的特色,没有差异化的特性,他是记不住你的。

就像一个姑娘,她一旦心有所属,那么你再想去追求她就会变得非常困难。

顾客的大脑记忆容量有限,对于某一个品类,最多记住不超过7个品牌。如手机,苹果、华为、三星、小米、vivo、oppo;如火锅,海底捞、巴奴、呷哺呷哺、凑凑、左庭右院。

我经常跟学员们说,你要想象一下在顾客的大脑里有一个采购清单。

这个采购清单是:今天吃什么?米、面、粉、饼,先确定大品类,然后就开始在大脑里思考品牌:米饭的品牌有哪些?如吉

野家、老娘舅、老乡鸡、五芳斋等。

这些品牌在顾客大脑中分别占据了什么位置，代表什么特性、在什么样的价格区间？

它们比你这个新品牌先进入顾客大脑，因此你要想进入顾客的这个采购清单，就不能跟这些品牌相似、相近。因为顾客已经有了先入为主的意识了，选择这些清单里已经有的品牌更安全、更可靠。

大多数老板是不会做这样的思考的，他们总以为自己是唯一的提供方，顾客就等着他提供产品呢！事实恰恰相反，顾客的采购清单早已经满了，如果你不是一个有个性、差异化、提供独特价值的产品品牌，根本上不了采购清单。

90%的老板想到的就是降低价格。因为这是最简单的、最不需要动脑的思维方式。于是这 90%的人就陷入价格战的深渊中，因为低价格是没有最低，只有更低。只采用价格便宜这条路是行不通的，他把所有的顾客都当成贪图便宜的顾客，最终真的只能吸引价格敏感型顾客。价格敏感型顾客的特点就是哪家便宜吃哪家，付费的能力弱，挑三拣四的能力强。

餐饮老板一旦陷入这种经营思路中，就把自己的店干成了血汗工厂，忙死累死不赚钱。唯一的解救之道就是打造差异化的品牌，让你的品牌进入目标消费者的采购清单里。

04
打造差异化品牌的 4 个方法

1. 抢占第一

就像开篇中提到的,敢于抢占第一是最重要的。

就像在 40 年前的改革开放初期,只要你敢于打破原有的铁饭碗,参与到市场竞争当中,去提供产品和服务,就能够挖到人生的第 1 桶金。

而 40 年后,我们不可能再用原来那种粗放的方式——跟风、抄袭、模仿,或用价格竞争的方式来参与市场竞争。

时代发生了变化,我们也要换一种思维,换一种想法。

10 多亿人口的消费大国,人们依然需要消费,只是我们的消费发生了变化。

谁能敏锐地洞察这种变化,提供相应细分的新的产品、新的品类,谁就能够获得新的发展机遇。

因此,我们所要做的就是:如果别人都往左走,我们就往右走;如果别人都提供低价低质产品,我们就提供高价高质产品。别人都做大而全,我们就做小而精。

当所有的人都在忙着赚大火锅的钱时,呷哺呷哺做小火锅,成为快餐和休闲火锅的第1名。

当所有人都深陷在沙拉的低频消费亏损当中,超能鹿战队开创了健身减脂餐厅。

我们绝大多数学员都在新品类当中崭露头角。因为他们深刻地领悟了,第一是最好的定位,第一无须定位。

在我看来,中国的市场到处都是空白,到处都是痛点,到处都是机会。因此我的线下门头战略课程帮助无数餐饮企业找到细分的品类,找到属于它们的成为第一的机会。从而摆脱在低价的红海当中苦苦挣扎。

在我的眼里,还有太多的超级品类、超级 IP,等待着我们去挖掘。

2. 聚焦

如果你去过日本,就一定会发现那里有各种各样的专门店,无论是餐饮还是其他生活类的服务。日本把每一个行业细分到无以复加的地步。

同时,日本还是全世界有百年以上品牌最多的国家。事实上日本只有1亿多人口,并且是一个严重老龄化的国家。它早就在20多年前就进入存量市场经济的时代。只有各行各业都做到专业化,极度聚焦,极度专业,才能够有生存的可能。

相比日本而言,我国的人口总量是非常庞大的。尽管我们也在面临着老龄化社会;但是你只要去一、二线城市的餐厅去消费,看到都还是年轻的服务员,就能够感受到我们依然有着充沛的劳动力和充分的消费市场。

因此如果我们拿出日本在专门市场专业化聚焦的十分之一的态度和工匠精神,就足以战胜90%的同行了。

人人都说聚焦,但是聚焦其实是很难做到的。因为人性缺乏安全感,所以总觉得多做一些会更安全。但真相其实是十个弱不如一个强。诺基亚当年有千机大战,可惜今天已经灰飞烟灭。苹果手机当初只凭借一款·个颜色的智能手机就成为移动互联网时代智能手机的王者。

在商场里有一个品牌叫樊文花,专注面部护理30年。

事实上,我并不是它的目标顾客。但是每次经过商场一楼的专柜,我都可以看到它们的门店。因为它做出了差异化的服务,凭借专业的产品和贴心的服务,在线下做新型的体验店模式,成为全国性的连锁品牌。

下面再讲一个经典的案例:黄河大鲤鱼,聚焦一条鱼,重振豫菜!

只有顺应时代的企业才能成功。

所有的成功都是趋势的成功,我们只是在大趋势下做对了一些事罢了。

2012年,"三公消费"彻底熄火,一些没有缓过神、转过弯的品牌一蹶不振。

从那一年起,餐饮重归服务大众、服务民生的本质,而伴随着城市化进程,代际变化、消费升级、互联网渗透,四重共振,让老同志突然感觉到天变了,餐饮的玩法和打法彻底变了。

这一次,谁能适应大的变革,谁就等于跃过龙门;谁若是按老经验、老思维、老方法,就要尝到守旧的苦果。

危机就是转机,从 2012 年起,餐饮行业彻底开始了新浪潮。

作为有三十年厨艺、十多年创业经历的餐饮老同志,阿五美食的创始人樊胜武敏锐地感觉到餐饮的天变了。

餐厅从比气派、比排场、比奢侈、比丰富的大而全,开始向比品牌、比审美、比精致、比爆款(招牌菜)过渡。

厨艺人生发生过两次大转变的樊总(樊胜武)出生在黄河流域厨师之乡河南长垣,他的人生发生过两次跳跃。

第一跳:从厨师到五星级酒店的行政总厨;

第二跳:从五星酒店的行政总厨到五星小饭店老板。

"黄河三尺鲤,本在孟津居,点额不成龙,归来伴凡鱼。"——李白

敢为天下先,敢于挑战自己命运的樊总,一路走来知道不破不立,凭借的就是一个"敢"字。

只有永远保持危机感的人,才能最早闻到机遇的味道。

樊总知道,机会来了。变革来了,但从哪变起?

敢于革命、善于学习、勇于创新的樊总开始思考,他创业的初心就是"振兴豫菜,让豫菜的厨师有面子,让河南的豫菜能走

向全国,甚至走向世界。"

曾经的阿五美食,把店开到了海外,初步实现了樊总的初级梦想。但这一次,在行业变革期,他隐隐感觉到如何从一桌菜浓缩聚焦到一道菜,才能更好地代表阿五、代表豫菜,甚至成为河南的一张名片。

当时的河南餐饮圈,巴奴凭借毛肚火锅异军突起,成为可以和海底捞竞争的区域火锅品牌。樊总想到了"黄河大鲤鱼",这个最具河南特色、最有可能成为豫菜代表作的一道名菜。

黄河鲤鱼同淞江鲈鱼、兴凯湖鲌、松花江鳜鱼被共誉为我国四大名鱼。黄河鲤鱼,自古就有"岂其食鱼,必河之鲤""洛鲤伊鲂,贵如牛羊"之说,为食之上品。黄河鲤鱼还以其肉质细嫩鲜美、金鳞赤尾、体型梭长的优美形态而驰名中外,是河南和我国的宝贵鱼类资源。鲤鱼跳龙门的传说,几乎是家喻户晓。白居易等古代诗人都曾为其写诗作赋,称其为"龙鱼"。

樊总日思夜想,众里寻她千百度,蓦然回首,那人却在灯火阑珊处。就是"它"——黄河大鲤鱼,宴之有鲤!

阿五美食在樊总和团队十多年的辛勤耕耘下,成为"中华餐饮名店",同时,也是河南本地最具影响力的餐饮品牌。

但盛名之下，阿五美食长期以来背负的担子太重了。豫菜博大精深，但提起豫菜的代表菜，很多食客一头雾水。杭州有西湖醋鱼，徽菜有臭鳜鱼，郑州的豫菜到底哪个好？必须突出一个，唯有聚焦单品，才是打造品牌的必经之路。

阿五美食，曾经是河南人宴请宾客的首选之地，但什么是阿五美食的招牌菜、镇店之宝呢？这在过去也是模糊的。

当竞争加剧，当互联网带来信息大爆炸，当消费者的消费路径从去哪儿到吃什么转变时，阿五美食也要顺应这个变革，樊总敏锐地感受到了消费者的变化。

当机立断，换门头！

阿五美食变身阿五黄河大鲤鱼。

变革，如果所有人都能接受，那就不叫变革；

变革，如果所有人都能支持，那就没有流血牺牲。

社会变革也罢，商业变革也罢，从来没有一帆风顺。

樊总早有准备，但事实比他预想的严重十倍、百倍。

因为河南省内绝大多数的顾客，还是当地人居多，本地人固有的惯性思维严重超出了樊总的预想，别说顾客不支持，就连餐饮协会的一些老同志都认为他"步子太大，超出想象"。

来自外部的直接挑战是营业额下滑，原本要来阿五美食的，一看门头改成阿五黄河大鲤鱼，不理解、不接受，造成了老顾客的流失。而刚刚换了新门头，能接受和喜欢黄河大鲤鱼的顾客还没有被培养起来。

团队纷纷表示反对，认为樊总疯了，甚至连最支持樊总的死党们、老搭档都觉得他胆子太大，可以先一步一步测试，试得好再换，试不好，再改回来。

而优秀的企业家就是破釜沉舟，势在必得。

樊总知道自己是对的，虽然可以短期与现有的顾客、现有的团队为敌，但绝不可与长期的趋势为敌，在趋势面前，没有退路。

品类品牌是竞争过度下的大势所趋；一道菜成就一个菜系是大势所趋！

对外借势借力抢占认知。

鲤鱼跳龙门，是全中国乃至全世界华人的心智共识。

这种约定俗成的心智共识，是建立品类品牌的巨大财富。

谁能看到这个财富，并懂得调动消费者的心智共识，为品类所有，为品牌所用，四两拨千斤，谁就可以快速建立强势能、高价值的品类品牌。

过去做阿五美食，那是靠市场的供不应求，靠一帮兄弟起早贪黑，赚的是市场空白的钱，赚的是一道菜、一道菜的钱。

而今天主打"黄河大鲤鱼"，才是真正踏上建立品类品牌之路，从此赚的不仅仅是菜钱，更赚的是品牌的钱，甚至是整个品类的钱。

这个钱，才是长远的钱。

智勇双全的樊总知道自己又要实现"鲤鱼第三跳"了。

因此，尽管从短期看前路坎坷，损失惨重；但只要走在趋势上，走在正确的品类分化机遇上，踏准节奏，就能再次翩翩起舞。

不到一年，从顾客到同行，从协会到媒体，不断地接受黄河大鲤鱼，谈论黄河大鲤鱼，享受黄河大鲤鱼。

樊总知道，这一次惊险的一跃，阿五美食又跨入了一个新的时代。

诞生在厨师之乡长垣的樊总，原本就重视产品，这一次在创立新品牌、打造新品类上，更是倾尽全力。

品牌的未来决定于"食材"和"人才"。

打造强势品类品牌，首先就要建立食材差异化，成为第一壁垒。

鲤鱼精选自黄金鲤鱼生长带——郑州桃花峪万亩生态鲤鱼养殖基地；采用地下 20 米黄河沙滤活水养殖；小鱼用豆浆喂养；2 斤左右的鲤鱼，生长周期长达两年以上；而且捕捞前停食 80 天，以保证脂肪减少、体型优美。

阿五人一直坚守工匠精神，坚信只有感动自己才能打动客人。在阿五，每条上桌的黄河鲤鱼，须经过去腥、解刀、腌制、定型等一系列标准化制作流程。此外，烹饪时，采用专人熬制五小时的高汤，佐以西峡香菇、顶级冬笋增香提鲜，不添加任何鸡精、味精，肉质筋软、没有腥味。从浪尖到舌尖，每一个环节都无比虔诚。

他们将食材全面升级，所有原料、辅料、调料一律选用最好的，包括生态鲤鱼、非转基因油、天然面粉、有机大米等。每年成本多出数百万元。做餐饮，如果食品安全没有保障，一切都是零！新餐饮竞争形势下，人们的消费已经从物美价廉的"经济"时代，转换为货真价实的"品质"时代。

为了更好地呈现这条鱼，阿五黄河大鲤鱼聘请国内知名设计师王海涛专门为阿五黄河鲤鱼设计盛器，为黄河鲤鱼定制专属"座驾"，力求与众不同，体现艺术之美。

王海涛先生是欧洲杯足球锦标赛全球销售产品的总设计师，曾获"第十四届全国多媒体课件大赛"最佳艺术效果奖。经过了近半年的反复研究，数易其稿，一个几乎完美的艺术品最终呈现在我们的面前，这种贵族化的尊享感，堪比车中劳斯莱斯，奢华定制，匠心工艺。

用打造和包装明星一样的手法来雕琢一道菜，内外兼修，一出场就震撼全场！

吃惯了大桌餐的消费者，第一次看到这么用心之作，其中还带着创始人不屈不挠、破釜沉舟的勇气，这不正是对鲤鱼跳龙门的精彩演绎吗？

食之有味，赏之有形，品之有神。黄河大鲤鱼在樊总执着的精神推动下，越来越受到市场的欢迎。

樊总是中国上一代餐饮人里为数不多的重视品牌形象、善于品牌传播的餐饮人。

在他郑州的办公室里，摆放着樊总数十年来的各种收藏，这些收藏大多数跟他的餐饮事业有关，这些收藏成为阿五以及樊总重要的品牌文化资产。

一直以来，打造豫菜、复兴豫菜都是樊总的梦想。这一次，这个梦想渐渐变成了理想。

就像影片《阿甘正传》里的阿甘一样，樊总的执着、坚持以及他不断地通过演讲、分享、新闻传播，使黄河大鲤鱼走进了联合国，走进了千家万户。

要想做大一个品类，不能自己独自做，一个人摇旗呐喊没有一群人敲锣打鼓一起干带劲。

樊总知道要把黄河大鲤鱼推升为豫菜之首、河南的名片，首先要做到家喻户晓、喜闻乐见，要从名菜到民菜，最后才能真正成为名片。

阿五不仅不藏私，还主动传授黄河大鲤鱼的制作经验和工艺流程，看到街边的小饭店、大酒楼也开始卖黄河大鲤鱼，还帮助他们发朋友圈宣传，有空的话还去跟老板交流经验。

让黄河大鲤鱼火遍河南、带到全国、走向世界不仅仅是阿五黄河大鲤鱼的品类战略，更是樊总的初心和梦想！

在中国古代传说中，黄河鲤鱼跳过龙门，被烈焰烧掉鱼鳞，历经磨难就会变化成龙，比喻中举、升官等飞黄腾达之事。今日比喻人要逆流前进，奋发向上。

鲤鱼跳龙门虽然只是在我们中国家喻户晓、耳熟能详的神话故事，但是鱼跃龙门象征着逆流而上，不向现实困境低头的精神，激励着一代又一代的中国人。

阿五黄河大鲤鱼换门头的商业故事发生在 2015 年，并且成为当时河南乃至全国餐饮业的一个爆炸性事件，褒贬均有之。更多的是怀疑、观望，如今三年多过去，阿五黄河大鲤鱼生意蒸蒸日上，成为大众点评上河南郑州必吃榜品类；也成为众多明星、名人到河南必去的餐厅。黄河大鲤鱼的成功其实是品类分化趋势的成功，更是樊总提前预见到趋势的成果。

聚焦一道菜，不仅仅救活一个品牌，更带动一个菜系，这条路虽然很长，但找到路，就不怕路遥远。

对于餐饮企业而言，年营收不到 20 亿元都是中小企业。而对于中小企业来说最好的战略就是聚焦。

那些动辄手上有三五个品牌，没有一个是强势区域品牌的企业，在未来的三五年里都会遭遇挑战。

3. 对立

找到领先品牌或龙头品牌优势对立面的弱势。

老乡鸡在安徽市场上之所以能够挑战肯德基，是因为老乡鸡强调自己使用的土鸡是 180 天的。我们都知道在互联网上疯传肯德基的白羽鸡是速成鸡，并且还曾遭遇食品安全的危机。

而中国最早的快餐连锁真功夫，当初也是凭借着一句"营养还是蒸的好",对立洋快餐麦当劳、肯德基的油炸食品。

这两个中式快餐的连锁品牌,能够在恰当的时机发现竞争对手的短板。

千万不要模仿龙头和巨头,那只是为它们在做嫁衣裳。巴奴若是今天还在模仿、跟随海底捞,就一定只是一个三流的海底捞,绝不可能成为一流的巴奴。

正是"服务不是巴奴的特色,毛肚和菌汤才是"这句口号,才让名不见经传的巴奴走进全国同行和食客的视野。

跟着干,永远不如对着干。

但是这个对立,是对立龙头品牌的强势中的短板,对立它无法改变的部分。例如麦当劳、肯德基的"炸",肯德基使用生长周期40天的白羽鸡,这是它们短期内无法改变的。

对立是一种智慧,竞争对手的强势,就可能包含它的短板。我们要善于发现这种强势中的短板,开创我们自己的新品牌。

4. 科技

邓小平曾说过,科学技术是第一生产力。

在这个时代,任何人都不可以忽视科学技术给生产和销售带来的革命性突破。

我们在线下的餐饮行业里面可以看到,不管是外卖,还是中央厨房、冷链、SaaS 技术、移动支付,都是科学技术给这个行业带来的革命性突破。

以餐饮行业为例,在传统的中餐里,我们总是强调手艺、厨艺。但事实上,尤其是在快餐行业,全世界都在追求更高质量、更高效率。

就像前面提到的真功夫,如果它不是引用了先进的蒸饭箱技术,不可能革命性地使中式快餐也像西式快餐一样,做到 30 秒出餐。

近几年,在快餐业爆发性增长的品类就是煲仔饭。如果煲仔饭还是用传统的砂锅土灶加热,平均 30 分钟才能做好一餐;那么这个品类绝对不可能获得爆发性的增长。

事实上,我们看到麦当劳之所以成为全世界快餐的霸主,是和麦当劳创始人当初将生产流水线的方式引用到餐饮行业分不开的。在麦当劳的生产加工和售卖过程当中,运用了大量的科技力量。

科技不仅仅可以提高生产效率，还可以大幅地解决中餐标准化程度低的难题。一切需要依靠人手工、人的经验来完成的生意，都很难量化；没有量化，就没有规模化。

上述四种创新方法，可以互相组合，多重运用。如此，就可以创新出更多的新的品类品牌。

07

> 对于门店经营而言,最核心的经营秘诀就是:
> 重点、密度、效率、势能。

Chapter
Seven
第 7 章

从区域旺铺到区域称王是品牌发展必由之路

Chapter Seven

对于门店经营而言,最核心的经营秘诀就是:重点、密度、效率、势能。

01

门店的特点是区域化

门店建立品牌的法则和快消品以及一些全国性售卖的产品，是有本质性的差别的。

1. 服务半径受限是门店的劣势也是优势

门店普遍的服务半径在三公里左右。一些业态的服务半径更小，通常为 500 米到 1000 米，如快餐、便利店。

这个特点决定了单个门店无论是不是连锁品牌，它能够服务的客户是非常有限的。单店必须有很高的复购率，才能够让一个门店活下来。

一般来讲，对于门店的生意而言，它既不能像电商，也不能像快消品一样，一个门店服务全球。（零售业态中既做线下，又做线上的除外。）尤其是对服务业中的门店而言，就更是如此，诸如餐饮、儿童教育等体验性很强的门店。

即便到了移动互联网时代，外卖的发达，也仅仅是让门店的服务半径有了倍增的扩大而已。

因此门店的劣势是服务半径有限，优势也是服务半径有限。也就是说，在一个同样的区域面积里，跟你竞争的品牌是有限的。

一些全国性的品牌再强势、再优秀，提供的服务再好，它没有把门店开在你附近之前，跟你是没有任何竞争关系的。

因此，对于服务业门店而言，如何在单位的区域里做到最强、做到第一就显得尤为重要。

2. 门店是社区的一部分

曾经有一位老麦当劳人，他是中国最早的麦当劳培训高管，他说麦当劳的门店有一个非常重要的定位：门店是社区的一分子。在早期的麦当劳，居然每天下午 3:30，他们一个门店专门要派人去给附近的交警台的交警送一杯热咖啡，同时店长要与周边的邻里建立良好的关系。

我在美国考察时，美国最著名的餐饮品牌福来鸡（Chick-fil-A）在招募店长时，最核心的一点就是这个店长会不会经营跟社区邻里的关系。

我在小的时候，家门口有一家卖馒头的店，老板姓周。如果我们放学太早回到家，却忘了带钥匙进不了家门，或者爸爸、妈妈还没有回来的时候，我们就先去这家周姓的馒头店写作业。如果更晚了，我们还可以在店里赊账吃馒头。等到父母回来后把我们接回家，并支付馒头的费用。

这个馒头店就成了我们那个村子里面社区中心的一部分，也成了我童年最重要的记忆。30多年过去了，我居然还能记得这家馒头店，还能记得这个老板姓周，甚至脑海中隐隐约约还有这个老板的音容笑貌，这难道还不是品牌吗？

今天的商业竞争越来越激烈，但是我们的商业文明其实是倒退的。在高速发展的阶段，很多人急功近利，以次充好，看客下菜，就更别说与邻里社区建立良好的关系了。

其实古语说得好，没有笑脸莫开门。门店最大的优势，其实就是和邻里融洽的关系。

随着移动互联网时代的到来，有很多先知先觉的老板通过微信跟用户连接。除了提供门店产品和服务之外，还提供其他的一些增值服务。这其实不是O2O、社交电商，根本就是门店商业本质的回归。

2018年年底，社区团购受到资本的青睐，其商业模式的本质就是以门店加社区服务为中心，用团购的方式来服务社区用户。

时代在变，技术在变，但唯一不变的是商业的本质，是人与人之间真诚的互利互惠关系。

中国餐饮业中最优秀的两个企业——海底捞和西贝莜面村，它们通过良好的服务，其实也建立了深度的社区关系。

我在南京工作的时候，在每年的夏天，海底捞居然在中午给附近的写字楼送免费的酸梅汤。你可以把它理解成营销和品牌公关，更可以把它理解成建立良好的社区关系。每次当我们拿到海底捞的酸梅汤时，都觉得这家企业太懂人性、太会俘获人心了。下一次公司聚餐的时候，大家一致选择海底捞。

西贝同样每年都会举办莜面亲子活动，会邀请它的 VIP 会员和附近居民的孩子来参与。每年的 2 月 14 日还会推出西贝"亲嘴打折节"，促进与附近社区顾客的亲密关系。这些优秀的企业不是懂营销，而是懂门店的经营本质：没有关系，就没有生意。

3. 门店的区域文化属性

中国地大物博，南北差异非常大。人们的消费习惯、消费理念、文化习俗是完全不同的，甚至于对某一个同样的事物，我们会有不同的名称。比如馄饨，川渝两地叫抄手，湖北有些地区叫水饺、包面，广东地区叫云吞，福建叫扁肉。

正是因为各个地方的文化不同、口味不同、习俗不同，甚至包括消费理念也不同。对于某些行业来讲，全国性的连锁品牌在各个区域会遭遇区域文化壁垒。

就像有一些跨国的连锁企业，为什么它到中国来水土不服，其根本原因就是遭受了区域文化壁垒的影响。

因此，对于区域的品牌门店而言，这就是我们最好的优势。因为我们可以利用天时、地利、人和去建立自己的品牌壁垒和品牌认知优势。

只有区域旺铺才能生存

几乎所有的门店都遭受了两大冲击与挑战：一是虚高的房地产价格，二是互联网平台。

虽然全世界好位置的商业地产都不便宜，但是在国内房价虚高，必然导致租金更高。另外，由于我国人口太多，做生意的人也有很多，因此房地产租金很高。同时，绝大多数的优质商业物业又不能够买卖。对于经营门店的企业来说，年年上涨的房租就成为最大挑战。

一个不知名的品牌要进入购物中心，需要经过各种评测的制约，费用层层加码。

更可怕的就是街边店，高昂的转让费，各种租赁陷阱。新手进入，往往掉进一个租赁陷阱就让生意夭折。遇到无良的房东，肆意涨价，经营者欲哭无泪。

至于互联网平台，应该说中国一定是全世界最发达的。我们移动互联网的渗透率、移动支付的使用率、我们线下的外卖、物流系统的密集和发达程度全世界第一。相信如果去过海外旅游的朋友，尤其是在海外居住过一段时间的朋友，离开了国内的移动互联网平台，你会觉得处处不便。

因此，对于门店的经营者而言，就受到了双重的冲击。从2012年的O2O，到2013年的"互联网+"，再到2014~2015年的共享经济，直到最近互联网平台公司提出的新零售，本质上都是利用移动互联网技术和大数据的手段实现线上、线下的连接，更高效和更好地服务用户。

移动支付也罢，外卖也罢，大数据和O2O，以及各种App，最终它们就像这个时代的高速公路一样，或者说它们就像基础设施一样，每一个门店每一个企业都会使用。正如马云所说，未来所有的生意都是电商。

线下的商业除了积极大胆地拥抱这些趋势，根本上是要把握自己行业的本质，学会建立强势的品牌。

就像我在本书上篇中提到的，如果你不是强势品牌，就没有办法对抗线下的房东和线上的平台。因为你没有自己的流量，就没有主动获客的能力。如果你依赖别人给你带来流量，那你是无法生存下去的。

1. 区域的资源极度有限

在一个狭小的区域里，无论是顾客还是人才，都是有限的。

在好的商圈、好的位置的商铺，就更加有限。

因此，虽然在区域上的竞争不像在全国竞争那么激烈，但是由于它的资源有限，最终稀缺的资源和优质的顾客、优秀的人才都会属于头部商家，也就是我们讲的区域旺铺。

2. 区域的品牌强者恒强

因为区域的辐射范围有限，它就更加表现出强者恒强的马太效应。因此我们总是看到在某些地区有一些旺铺，或者是叫区域的口碑明星，门口顾客终年排队。原因非常简单，就是因为在某一个区域内，优质的供给也是有限的。而良好口碑、良好服务的区域旺铺，很快就会吸引消费者的注意力和购买力。

而恰恰是区域的这种特性，给了门店经营者以弱胜强的机会。

特别是在三线以下的城市，被称为熟人社会，一个品牌的口碑好坏，可以瞬间在熟人社会里蔓延，更容易建立和摧毁一个品牌。

我们有位年轻的学员叫刘楠，他在人口只有几十万的东北城市佳木斯。我们都知道整个东北近年来年轻人口流失严重，因此他在当地经营的餐厅业绩一直难有突破。

在参加我们线下品类战略课程之后，强化了他对门头战略的认知，他心中有了应对的方案，就有了参与竞争的底气。

之前他整天忧虑城市人口流失、外地土豪来抢地盘、本地购物中心吸引走大部分客流。这些都是客观事实，是每一个在三线以下城市的经营者都要面临的困难和挑战。

当他懂得区域门店竞争之道，掌握了门头战略之后，在短短半年时间里，反复围绕精准的核心顾客群"宝妈"和讲究生活品质的本地消费者，针对她们调整门头上的核心四要素，把"春丽园"品牌名变更为"春丽家",将东北烧烤改为"炭烤鲜牛肉",强调"谷饲牛,烤更嫩,肉更香",同时在菜单产品结构上进行优化。春节期间成为当地第一旺铺,一举拿下大众点评网当地多项排行第一。营业额翻番,利润更是翻番。他注重品质,注重服务的差异化特色,吸引了当地优质的顾客。

是的,论起烧烤,全国有很多知名品牌,哈尔滨也有很多。但是在佳木斯当地,只要刘楠懂得比同行多,就可以相对优势战胜竞争对手,成为区域品类的旺铺,进而成为区域品类冠军。

这样的例子同样发生在甜品点心竞争最惨烈的东莞、深圳。我们的另一位优秀学员——"小妍子"手制酸奶的创始人"妍妈",三次来北京学习,三次迭代自家门店的门头,不断深挖顾客需求,找准顾客心理,凭借"除了爱,无任何添加剂"的手工酸奶,精准定位"宝妈"和中产阶层家庭,迅速打开东莞市场,如今成为东莞当地甜品的翘楚。

他们今天的实力与全国性的连锁品牌都有着惊人的差距,但是在他们所在的区域,他们占据了地利和人和,再加上他们的勤奋好学,一旦掌握门头上的竞争之道,懂得打造差异化的品类品牌,就可以脱颖而出,成为区域旺铺。

03

粗放的发展没有未来

1. 无论是单店经营、直营连锁还是加盟连锁，粗放的发展没有未来

未来的趋势一定是精细化的连锁直营品牌、精细化的加盟连锁品牌，以及区域内个性化的强势品牌共同存在。

千万不要忽略消费者的进化和消费者需求的变化。由于电商平台最大的优势就是它们极大地提高了服务的效率和服务的体验，因此中国的消费者将来可能会成为全世界最没有耐心的消费者。比如，京东的当日达、次日达，每日优鲜、盒马鲜生的半小时、一小时生鲜产品到家，7天甚至15天的无理由退货，我们国人享受着全世界最发达的电商服务。

你能想象同样还是这批人，当他们的收入达到了一定的水平，当他们已经被电商宠坏了的时候，他们怎么能够容忍低质的产品和低劣的线下服务？

无论是线下的零售门店，还是服务型业务，粗放加盟的时代都已经结束，精细化的加盟运营时代正在到来。

这一方面是我讲的人心所向，大势所趋，另一方面就是整个社会的环境发生了变化，无论是后端的供应链，还是移动互联网技术、SaaS 技术、数据技术，同时还包括整个线下的渠道变革已经完成。

大量的城市核心商圈的综合体和社区的购物中心综合体，让门店的大规模连锁成为可能。各行各业中一定会出现像美国、日本等发达国家常见的数千家门店连锁的品牌。

因此，靠那种非常松散地加盟、夫妻店的经营方式，是无法支撑一个品牌的，我把它们称为杂牌军。

2. 正规军入场，军阀割据必败

我有一个会员创立了一个品牌，叫作"福来妻现包肉丁水饺"。这位创始人非常有情怀，也一心想建立一个优秀的品牌。他曾经因为粗放经营而做砸过一个品牌，所以他知道这里面的利害关系。因此他在做这个品牌的时候，很早就放弃了粗放加盟的方式，采用精细化的直营管理和托管式的合伙人制度。正是因为采用了这样的精细化管理的方式,让他能够对抗全国性品牌喜家德的进攻。他跟我说,若不是提前几年开始苦练团队的精细化运营,那么等到今天,喜家德进入他的地盘的时候,他早就溃不成军了。他说:"我的直营店尚且如此,我的那些松散的加盟店就更不要说能够跟喜家德对抗了,可能它们今天只能靠打折低价维系生意,能否生存都可能是一个问题,就更不要谈发展和建立品牌了。"

再举一个典型的案例,就是发生在中国加盟连锁最为发达的哈尔滨,"张亮麻辣烫"十年开了 4500 多家门店,我们看看他如何通过强管控脱颖而出的。

(1)神奇的哈尔滨餐饮加盟现象

在中国的餐饮业发展史上,哈尔滨是一个神奇的地方。因为占据天时、地利、人和,哈尔滨诞生了一大批加盟连锁品牌,在哈尔滨餐饮圈里,拥有 100 家以下加盟店的老板在圈子里几乎没有存在感,因为动辄有数百家、上千家,甚至数千家加盟店的老板大把抓。

- 天时:中国餐饮业迎来品类分化期,哈尔滨餐饮人有意无意地暗合了这个天时,在哈尔滨你几乎可以看到全国所有的细分品类

- 地利:哈尔滨是一个年轻的移民城市,因此它本地没有强势

口味，也能够接受和包容各种品类

- 人和：哈尔滨有大量需要就业的机会，而本身就业岗位不足，创业人口充沛；哈尔滨餐饮人空前团结，互助互帮

2016年成立的花椒学院和花椒大会，第一次完整地把哈尔滨（东北）餐饮业和餐饮人的现状呈现给外界，让我们发现了这片曾经被忽视的餐饮创业热土。满街各种全国性的餐饮品类在这片热土上生根、发芽、开枝、散叶，麻辣烫、火锅、饺子、馄饨等这些不起眼的小品类被哈尔滨餐饮人做成大生意。

但除了少数的品牌是以直营模式拓展外（杰出代表有喜家德、东方饺子王、武圣羊杂割、将军牛排韩国餐厅等），绝大多数的餐饮品牌是以加盟方式在全国拓展。总体市场的感觉是大而不强，粗放经营的多，精细化管理的少。直营品牌里喜家德、武圣是其中的规模较大、品牌较强、体系较全的品牌；而在加盟的品牌里，杨国福、张亮麻辣烫就是两股不可忽视的力量。

（2）花椒结缘，初识张亮

应东北花椒学院滕飞院长邀请，我连续两届出席东北餐饮人第一高峰论坛——花椒大会，有幸与张亮餐饮的张亮董事长、总经理姜柏东先生结缘。当我深入地了解张亮和他的职业经理人团队后，对这家企业充满了敬意。

大家都知道,在张亮麻辣烫的门头上有一句口号:"我们不一样"。作为门头战略的开创者,我对门头上的每一个细节,以及门头背后潜藏的创始人思想、价值观充满好奇与探索精神。因此,我最想了解的就是张亮究竟"有什么不一样"?

(3)张亮的克制

第一次和张亮先生交流,就发现他是一位极其低调内敛,甚至有点害羞的创始人。这与他们4000家规模,哈尔滨扛把子餐饮品牌企业、中国麻辣烫龙头品牌的当家人形象有着极大反差。我在全国见过大大小小、成百上千家餐饮老板,张亮先生是最不像老板的老板,但是这种深藏不露的人最可敬畏,就像武侠小说里,顶尖高手看上去就像不会武功一样。

当被问及为什么是张亮麻辣烫从数千家竞品中后来居上时,张亮的回答更是朴素到不像答案。

因为我们起步晚,所以我们更需要做好基本功——产品;

因为我们起步晚,所以我们更不敢三心二意,只能专注做麻辣烫;

因为我们起步晚,所以我们看到了那些跑马圈地快,却没有根基的公司的弊端,他们忽略了加盟商的感受,没有把加盟商当成伙伴,牺牲了加盟商的利益,最终损伤了自己品牌的利益;

因为我们起步晚,所以我知道不能单打独斗,一直在寻找合伙人,建立真正的现代企业制度,加盟商管理、培训体系;把利益让给加盟商,把利益优先让给合伙人以及合作伙伴。(张亮分享了一个细节,在张亮麻辣烫已经有1000多家店、外界认为张亮已经至少是一个千万富豪时,那一年年底给员工发完薪资后,张亮自己的账户上只剩下6万元);

因为我们起步晚,所以我们更不敢追求短期利益,因为欲速则不达。

这些答案背后充满了朴素的商业智慧和人性哲学,让你不得不敬佩这个腼腆的创始人,甚至隐隐感受到这种克制力量的可怕。人最难的是了解自己,战胜自己。

了解自己,是了解自己所长所短;

了解自己,是了解自己在市场竞争环境中的位置;

了解自己,是了解自己要的是什么,需要舍的是什么;

战胜自己,是战胜自己的贪婪和欲望;

战胜自己,是战胜自己的骄傲与狂妄;

战胜自己,是战胜自己的自私与自负。

我在张亮先生身上看到的就是这种好像天生具有的了解自己、

战胜自己、超越自己的力量。

很多人都来跟张亮先生请教过"成功的秘诀",张亮知无不言,言无不尽。但是他说了一句非常残忍又残酷的话:他们不相信,他们也很难做到。

(4)时时克制,勿忘初心

作为集团的董事长、品牌最大的股东,张亮在公司的决策里有一个重要的"不一样",就是让合伙人和团队"时时保持克制,少赚加盟商的钱"。张亮麻辣烫的年加盟费(一线城市 1.98 万元)和很多非知名加盟品牌比较而言,简直就像白送一样。但正是这极低的加盟费,让张亮每年节省了几千万元的营销成本,让整个加盟团队仅仅数十人,让张亮有极大的选择空间去挑选那些既有实力,又有共同理念的加盟商。

张亮说:"我们今天是 4000 多家门店体量,自 2017 年来以每年 800~1000 家店的速度扩张,我只要想赚加盟商的钱,任意一个收费项目都是千万元以上的利润,我在集团里重要的决策任务就是克制团队赚加盟商钱的冲动。因为,我们即便多赚了 1000 万元,短期对于加盟商也看不出任何变化,但是只要有一次冲动就会有二次贪婪,就会破坏我们最初的价值观:让利给加盟商,让他们先赚钱。"

这一点,在初期很容易,在做大的时候需要极度的克制力。每年张亮投入数百万元建立餐饮商学院,让所有的加盟商来免费学习,对于有不良行为的加盟商没有现金处罚,唯一的处罚是必须脱产一周来总部接受再教育、再学习。

投入巨资建立营建体系,做到让加盟商 7 天即可进场营业。姜柏东总经理跟我分享,在张亮餐饮,张亮服务好我们合伙人团队,我们服务好管理团队,管理团队服务好一线员工,一线员工服务好加盟商,加盟商服务好顾客,这是我们和绝大多数企业不一样的地方,他们都是金字塔结构,我们是倒金字塔结构。

(5)因为信任,所以简单

都说创业是一场修行,修炼的是创始人的一颗心。张亮餐饮也是国内餐饮企业里,创始人隐藏身后,总经理出来做发言人的少数派。这与很多餐饮老板追求舞台上的成就感完全不一样。而总经理姜柏东先生在张亮品牌十周年庆典上的致谢词,让全场为之感动,为之振奋,为之敬佩。全程脱稿,既充满理性思考,又具备感性力量;抑扬顿挫,掷地有声。一句"要么战死沙场,要么狼狈返乡;没有梦想,何必远方",调动了全场的气氛,坚定了加盟商众志成城的信念。从这一个细节,能够看出张亮合伙人团队的"各尽所能,互相信任"。"因为信任,所以简单;因为简单,所以高效。"嘉御基金创始人卫哲对优秀公司合伙人团队的描述,给张亮餐饮合伙人团队尤为合适。

上善若水，水善利万物而不争。

夫唯不争，故天下莫能与之争。

张亮的克制，让张亮麻辣烫可以说出"我们不一样"。

3. 没有根据地，没有大本营，就没有一切

我在很早就提出，门店一定要有根据地和大本营的战略意识。但是粗放的、跑马圈地般的加盟连锁，在国内的餐饮业等服务行业里却普遍存在。

（1）先做强，再做大

为什么餐饮企业，或者说线下的门店很少有做大的？我们各个区域都出现了一些品牌，但是很少出现全国性的连锁品牌。因为我们没有先做强、再做大的意识。很多企业违背客观发展规律，总想一口吃个胖子。

无论是资本催生的项目，还是一些民营企业的项目，由于过度追求规模大而导致我们的内核并不强，尤其是采用那些盲目扩张和加盟连锁的方式，导致品牌连而不锁。

没有统一的产品、严苛标准的服务流程，消费者在各地体验的服务和产品其实是不一样的。这一点在餐饮业和劳动密集型的服务业体现得尤为明显。

从某种程度上来说，这是对消费者不负责任的表现，是一种欺骗。

我们经常说麦当劳、肯德基没有中餐好吃，可是能够做到全球几千家、上万家门店严苛地执行统一的标准是多么的不易。你在一个国家或者地区，无论在哪家麦当劳、肯德基的门店，购买的产品和体验的服务都是一致的，这才是麦当劳、肯德基能做成规模化连锁品牌的原因。

我不反对加盟连锁，毕竟全球的连锁业都以加盟、特许授权为主。但是粗放的、对加盟商无管理，对产品供应链和加工流程无管控的加盟，我坚定地认为它们没有未来。

（2）门店的四个核心：重点、密度、效率和势能

我们在研究线下商业的过程当中，一直在探索行业竞争的本质规律。

对于门店经营而言，最核心的就是重点、密度、效率、势能。

- 重点：就是以门头为核心、以顾客为导向的流量入口与品牌阵地
- 密度：在单位面积里，能够最多分布多少家门店？区域门店的密度是关键

- 效率：单个门店有各项效率，在整个区域里，门店的密度决定了管理效率和供应链效率

- 势能：在单位面积里，门店密度越高、效率就越高，配合吸金门头、金字招牌就可以产生最大的区域品牌势能

眉州东坡酒楼主要的门店集中在北京，所以它是当之无愧的京城川菜王。以北京的高势能，眉州东坡也就是中国的川菜王。20 亿元的销售额是分散在全国势能大，还是聚集在北京势能大？我想答案不言而喻。

我看到很多创始人丝毫没有重点、密度、效率、势能的经营理念，动辄贪大求快。曾经见过一位创始人，他的一个品牌在长沙开一家店，在北京开一家店，在上海开一家店，甚至还将一家店开到纽约。这家店曾经一度也是一个网红店，自我感觉很强。但事实上，这样的品牌是没有势能的。（也许在招商圈里有品牌效应，但在顾客心中没有。）企业也无从管理。你能设想一下，一个企业要管理长沙、北京、上海、纽约的门店，让它们能够做好精细化管理和运营，这是多么困难的一件事儿。

我们观察一个商业，不要用年来判断它，而要拉开时间的维度，以 10 年、20 年来看，老话说得好，谁笑到最后，谁才是真正的赢家。

快餐连锁品牌老乡鸡，拥有近 600 家门店，它的创始人束总，

曾经在 10 多年前花重金向一家定位咨询公司请教。这个咨询公司给了他两个策略，其一是改名，这就是我们后来知道的，从肥西老母鸡改为老乡鸡。另一个策略就是退回安徽，死守合肥，拿下合肥市场。集中优势兵力打歼灭战。束总坚定不移地执行了这一策略，关掉当时在外地的店铺，全面退回安徽，结硬寨、打呆仗。结果不仅超越肯德基、麦当劳在合肥的门店数和市场份额，更是大幅拉升了整个安徽的中式快餐业的产品和服务水平。

我们今天来看，觉得束总真的是一位非常了不起的企业家，因为企业最重要的事情就是做决策，往往不做什么比做什么更重要。

但是你退回到 10 多年前，在那样的竞争环境下，那个时候的商业竞争远远不如今天。老乡鸡当时在北京、上海等其他非安徽城市的门店也能赚钱。因此要把那些门店通通关掉，并且把各个在外省的负责人全部撤回总部，这是一个多么重大的决策，也是非常难以下定决心的。

可以想象那些被外派到外省的干部，往往都是企业最优秀、最核心的人才，一旦把他们调回总部，他们不仅失去了位置，也在短期失去了发展的方向。如果处理和协调不好关系，还有极大可能造成团队的波动和人才的流失。

我为什么说，企业的成功都是企业家的成功，咨询公司只能给企业家一些来自外部视角的建议和方向，但是真正敢于壮士断腕、痛做决定的还是企业家。

假设没有当年的退回安徽，没有把安徽合肥作为老乡鸡的根据地、大本营，扎根和精耕安徽市场，就没有在安徽市场上老乡鸡以全面性压倒优势战胜肯德基、麦当劳等洋快餐品牌的实力。仅仅在安徽市场上，老乡鸡就拿下了10亿元的销售份额，成为当地当之无愧的区域王。

在安徽大本营、根据地积聚了人才、用户、资本、体系，才有了今天老乡鸡一举走出安徽，在武汉等市场攻城略地，收购了武汉永和，全面换成老乡鸡品牌。今天的老乡鸡已经成为国内快餐直营连锁门店超过600家的全国性品牌。

火锅直营连锁门店最多的品牌"呷哺呷哺"也是立足北京，在北京开了200多家门店后，采用轮辐式发展，拿下北方地区，创业十年后才开始向上海进军。

创始人贺光启说："你必须要把自己规划好、培养好之后，才可能攻城略地。做好准备了，你就可以大步往前迈进，但如果你没有做好准备，迈进一定要摔跤。我觉得企业起码得有10年的时间，才能理顺内部的所有东西，我这还算快的。"

同样20年，懂得重点、密度、效率、势能发展战略的企业已经成功在香港上市，市值超过100亿港币。

而 20 年来，那些曾经号称门店数百家、甚至数千家的粗放经营者，很多连品牌都不复存在了。

2017 年中国好餐厅评比第一名，居然被外界无人知晓的将军牛排获得。要知道能够进入中国好餐厅前十的都是中国餐厅业的佼佼者。

将军牛排其实是一家韩式餐厅，2017 年正遭受萨德事件的影响，我特地采访了将军牛排的创始人杨学东先生。

"2017 年的'萨德事件'，对于将军牛排业绩的影响也较大，下降比例在 20%左右。但是这种影响并没有给将军牛排造成严重打击，反而恰恰因遇到'萨德事件'给企业带来了新的机遇。因为通过'萨德事件'的影响，淘汰了一批没有品牌影响力、没有生命力的粗放经营韩餐品牌，减少了韩餐市场的分流，当市场回暖的时候，反而推动了我们企业的发展，助力了餐厅的业绩上涨！"

凭什么是将军牛排？

因为无论是产品还是服务，它在全国均属一流。它的品牌创始人是我多年好友，也是我们线下课程的学员，我曾多次到店体验。

在哈尔滨这个全国加盟连锁最发达地区，门店动辄数百上千家，十多年来,无数加盟商捧着现金来将军牛排要求加盟扩张,将军牛排创始人不为所动。

1)专注聚焦于韩餐十余年,扎根冰城,成为冰城当之无愧的韩餐第一领导品牌。

2)扎实的产品品质与服务能力是品类领导品牌的坚强基石。

3)敢为人先是领导品牌的战略配称,推动了品牌势能和品类势能;率先拥抱团购,领先同行进入购物中心。

4)自我变革、勇于创新是领导品牌长青的基因。要进行产品创新、服务创新、组织创新。

归根结底,就是曾国藩提出的"结硬寨、打呆仗"。

中国到了"结硬寨、打呆仗"的时代了,我们期待和呼唤诞生更多这样的创始人,创立令人尊敬的品牌。

08

> 我发现没有一个初创企业和中小企业不是借势红利而杀出重围的。江湖辈有人才出,其实所谓的人才,就是那些懂得去把握趋势、抓住红利的人。

Chapter
Eight

第 8 章

抢占七大红利打造品牌软实力

Chapter Eight

我发现没有一个初创企业和中小企业不是借势红利而杀出重围的。江湖辈有人才出,其实所谓的人才,就是那些懂得去把握趋势、抓住红利的人。

01
如何正确看待红利期

2019 年年初"找工作"这个词条在百度的搜索量超过往年 10 倍,这似乎预示着失业率的上升,圈里各种评论都有,还有人来问我怎么看。

我说好事啊,说明产业结构真的在调整。同时过去两年疯狂扩张的资本和企业要遭受惩罚了。

失业潮、金融风暴,都是红利!先别反驳,听我慢慢道来。

对于中国这样高速发展的大国而言,国家其实是给每个人带来了巨大的红利。我们 40 年的改革开放历史,就是一部红利不断释放的历史。

市场空白的红利、供小于求的红利、廉价劳动力的红利、资本市场从零开始的红利、房地产红利、电商红利、加入世贸后的全球外贸红利……

我们可以看到任何一场红利，只要我们参与其中，我们人生的命运都会发生改变，但是牢牢抓住这些红利的人其实是少数。

餐饮行业里经常有人问我这样的问题，他只做"鸡、鸭或者是猪"这三类肉食，要是禽流感来了、猪瘟来了怎么办？那他是不是风险很大？

我说除非是你没想过把这个生意好好做，或者说你除非没想做大，肯德基、麦当劳、正新鸡排在全世界经历了多少次禽流感，那它们应该最先倒闭，但事实上是每一次禽流感过后，人们就更加愿意选择更大的品牌，因为它们的质量更让人放心。

所以从负面看，失业潮，经济不景气，人们收入下降必然影响生意。可是我看到的却全是机遇！

初创和中小企业一定要借势红利。

事实上，通过对很多企业的观察，我发现没有一个初创和中小企业不是借势红利杀出重围的。

江湖辈有人才出，其实所谓的人才，就是那种懂得把握趋势，抓住红利的人。

华人首富李嘉诚先生也是通过抓住两次红利，一次是婚姻红利，一次是塑胶花红利，从低谷转败为胜，才有他抓住中国香港和内地房地产的红利。

对于中小企业和初创企业来讲，对待红利的态度是不要怕，也就是别犹豫、大胆干。

其实真的是大企业才需要胆战心惊、如履薄冰。因为组织大了，船大了难调头。任何一次趋势发生变化，都可能给企业带来灭顶之灾，大企业最怕被趋势所淘汰。

而初创企业恰恰都是因为抓住了某个趋势的红利才脱颖而出的，所以你怕什么？

但是另外一个态度就是不要贪。因为红利就像那阵风，也就像雷军所说的风口。如果一个企业永远靠风口往上吹，这个企业的创始人那真的就无可救药了。

红利只是帮你完成原始积累，以及找到市场的突破口，赚到自己的第一桶金。但是能不能保住这一桶金，靠的是运营以及打造你的核心竞争力。

我在近 20 年的时间里，看到很多企业居然把抓红利变成了企业经营的思想，这难免最后就陷入机会主义。靠机会主义去经营的，那只是生意，从来没有成为企业的。

能不能把握红利，考验的是生意人的眼光和魄力。

这两年流行的一个名词叫"认知",我们过去讲的是眼界和见识。

人的一切,都逃离不了眼界和见识。

老祖宗说过:读万卷书,行万里路,不如阅人无数;阅人无数,不如跟随成功人脚步!

你能够看到的红利,已经发生的红利,都已不再是红利。

有很多优秀的企业家都说过,企业的经营过程就是要懂得领先半步。

为什么是领先半步,因为领先一步,你很有可能成为先烈,你要能够熬得过去,也就是你的眼光虽然好,但是干得太早了。

我曾听过喜家德的创始合伙人高建峰的分享,他说他们在21世纪初就开始做水饺这个生意了。

你设想一下,17年前在东北卖饺子,那是一个红利吗?

17年前差不多是东北人口外流的时候,而东北人家家户户都会包饺子,谁都不会觉得自己包得比喜家德差。再加上那个时候人们在外吃快餐的频次也没有那么高,天时、地利、人和都不占。而喜家德又一心要把饺子做成中国的大品牌,很多标准远超同行,甚至超出当时消费者的习惯。其实这一路是困难重重的,中间折腾过好多次,外人难以想象。创始人在台上分享时,几次哽咽。后来我跟高总说，你们确实太难了，因为干得太早了。他紧紧握住我的手说："奕宏，你是真的懂我们。"

为什么要领先半步？也就是你不能等到红利已经爆发出来的时候才开始入场。因为你没有做好任何准备，包括人才、经验、供应链等。最典型的例子就是罗永浩做手机，雷军做小米手机是领先半步，而罗永浩就是落后一步。

在2012年到2015年期间，餐饮业最大的一波红利是小吃和快餐品类升级的红利，尤其是一些街边小吃进入购物中心。从原先的街边店3~5块钱、不到10元，涨到20~30元的客单价，这是巨大的品类红利。而当时的房租还很便宜，所以，如果你真正把握住了这一波购物中心的红利，就能够脱颖而出，名利双收。

事实上，我们看到的黄太吉、伏牛堂、西少爷等当初的京城三大互联网餐饮品牌，都是吃到了这一波红利。当然它们不仅吃到品类的红利和渠道的红利，还有社交网络传播的红利和资本的红利，四重红利叠加，让它们当初大红大紫，至于后期能不能成事，还是看创始人团队的心性和心境。

另外，在2015年到2018年期间，从事外卖的餐饮人也吃到了这一波最大的平台红利。我们品类战略导航班一期的学员蔡亮，在2015年就领先同行，吃到品类创新和外卖平台补贴的双重红利。

因此当大多数人真正感受到快餐好赚钱、小吃好赚钱,看到外卖如火如荼的时候,其实已是落后一步的时候。

所以,你真正看到的红利都已经不再是红利。

当然,不是过了最初的红利期就不可以进入,只是需要付出更多的投入和耐心。也不是拿到最初红利的创业者就一定赢,因为很多人不知道那是红利带来的阶段性成果,却把这种成果当成是自己的成就。

02

餐饮创新的七大红利

如何提前发现红利呢?

孙正义称之为"时光机原理",我把它称之为平移理论。

时光机原理是世界顶尖投资人孙正义发明的。它就像是能够穿越到未来，然后看到未来的发展趋势，并且全部投入在这个大趋势里面。

而我所说的平移理论，就是把在先进行业、先进国家和先进地区发生的事情，平移到落后行业、落后国家和落后地区。

很多互联网创业公司，都是复制国外的商业模式，再在此基础上本土化。其中最典型的创业者就是美团的创始人王兴。

过去40年赚到大钱的创始人都是懂得把西方领先的东西搬到中国来优化一遍。

我之所以在 2015 年就预言外卖必将有上万亿元市场，不是随便说说，很简单的道理，我只是看过电商业的蓬勃发展。我经历过电商是如何颠覆传统的线下零售业的。因此，我就可以预判外卖也是线下餐饮业的一次重构。只要趋势在那，就一定会实现。

作为一个从事近 20 年广告行业的广告人，我拥有的一个优势就是因为我曾经服务过不下十种行业的客户，我看过这十个行业是如何从小变到大，如何从散小乱差到规模化、集中化、品牌化的过程。也看到这十个行业里企业的兴衰史，知道哪些是绝不能触碰的高压线，哪些是陷阱，哪些是机遇！

不读历史，怎么知未来？

1. 思维红利

人与人之间确实比的就是见识和眼界。

人与人之间最大的差别也是在大脑。

对于任何一个创业者来说，爱学习和会学习是一种红利。

我在线下开办的课程，有来自全国各地的不同文化、不同基础的学员。

但是我发现有一些人就是接受能力比较强，有一些人就是接受能力比较弱。接受能力强的学员很快就得到了改变，所以业绩就有大幅提升。

这个道理和学校里老师教同样的课程却产生不同成绩的学生是一样的。

作为成年人，如果我们本身就不够聪慧，再不学习就必将落后。

此外，正确的思维方式也非常重要。我发现绝大多数成功的人都有这三个长板：第一，目标明确；第二，永远积极；第三，敢想敢干。

思维红利中还有一点也非常重要，就是敢于靠近成功人。

有些创始人一直当老大当习惯了。但是他在公司做老大，出去依然想做老大。这个时候就暴露了一个非常重要的问题，就是他永远只和比自己差的人在一起，因为那样才能找到当老大的感觉。

所以真正优秀的企业家是在内敢于当老大，因为他需要承担责任；在外要勇于当小弟，勇于当学生，因为这样才会靠近比他更成功、更优秀的人。

我们不要小看思维红利，思维红利可能是所有红利当中最大的红利。人的成就超不出他的思维。

2. 品类红利

本书前面讲了很多品类红利。事实上新的品类在消费升级时代会诞生最多。因为消费者的需求变得多元化和多样化，整个市场也不再是以价格竞争为核心。这才让新品类的诞生成为可能。

一个国家大规模诞生中产阶层时，整个国家的消费客群才开始分层。丰富多元的客群才能促使诞生丰富多元的品牌。

电商里有京东、淘宝、天猫、拼多多；酒店里有五星、精品、度假民宿、城市民宿、经济型、青年旅社。

餐饮就有更丰富的划分了，快餐的客单价每相差 5 元，可能客群就发生了变化；正餐从 60～150 元，就有不同的分层。中餐、西餐、日韩料理、东南亚美食、民间小吃、快餐、甜点、冷饮冰淇淋、茶饮咖啡果汁等，每一个品类背后都对应着不同的消费场景和消费客群。

表面上餐饮竞争激烈，是因为绝大多数人都扎在少数大类目中厮杀。喜茶、奈雪的茶没有诞生前，有多少餐饮人想过奶茶还可以这么做，可以从 8～10 元卖到 20～30 元，居然让星巴克成为排队的背景墙。

中华餐饮品类之丰富，足够诞生各种品类的优秀品牌。随着人们的生活品质提高，还会产生更多的、不同以往的消费需求和消费场景。

和闺蜜的下午茶、全家人周末的聚餐、创业公司的团建，这是在二十年前，甚至十年前都无法支撑一个门店、一个品牌的。

品类的诞生，最核心的就是盯住消费者生活方式的变化。

3. 渠道红利

很多人会忽视渠道红利，这是非常可怕的，说明我们的生意敏感度非常低。

因为生意的本质就是产品加渠道，主渠道就是主要的流量，渠道的每次变革就意味着流量发生了变化。

我在从业近 20 年的广告生涯里，最关心的就是渠道的变化。

每一次渠道发生变革的时候，就是行业发生变革的时候。

有了全国连锁的大卖场，才会有全国性的消费品和快消品。有了全国性的家电卖场，才会有全国性的家电品牌。而正是电商渠道发生的变革，让整个行业发生变革，才会诞生很多品牌，我们称为网红品牌和淘品牌。

有了全国性的购物中心，就有了全国性的连锁门店服务行业。

所以，数年前在购物中心诞生的时候，如果你没有把握住这个机会，就说明你对渠道缺乏认知。有很多传统的餐饮人和线下的老板，他们认为购物中心的费用太高，所以不愿意搬进购物中心，这是非常短视的行为，其根本上就是因为他们缺乏对渠道变革的理解。

我在这里再次强调，无论购物中心的死亡率有多高，竞争有多惨烈，它依然会成为全国性线下连锁品牌的主流渠道。而判断你是否能够成为全国性的品牌，就看你有没有能够进入这个渠道里面竞争的能力。

同样对于餐饮业而言，外卖这个大渠道会发生更大的变化，这是不可逆的。因此，研究好这个赛道，如何在这个大渠道里面获益，才是生意人的所为。而不是去抱怨平台又增加了扣点。

事实上中国还有很多渠道没有发生过变化，我告诉大家一个判断方法，那就是哪里有痛点哪里就会发生变革，如学校的食堂、高速公路收费站和旅游景区。

这些渠道曾经都被消费者大量投诉过。原因很简单，就是因为垄断。但是整个市场经济的竞争和市场的开放是不可逆的，所以他们势必有一天要回归市场化，就看你能不能有眼光去提前布局。要知道连高铁上的盒饭垄断都已经被打破。

我的师弟徐传佳先生在中国一流的互联网企业找到了全新的渠道。诸如华为、阿里巴巴、网易、京东这样的大型科技公司和互联网公司，如今已经是上万名员工。它们的食堂就比传统的公司食堂更高级。因为食堂对于这一类的企业来讲是员工的主要福利。那么，做工厂食堂的餐饮集团就未必能够做好这样的互联网公司的食堂，而潘多拉以优越的设计、年轻化的产品赢得了这些企业的青睐。

另外，伴随着中国经济的崛起，中华文化最大的代表——中华美食，走向全球是未来20年最大的渠道变化。

海外中餐总量已经达到万亿水平，且每年以两位数增长，海底捞、眉州东坡、大董等龙头企业纷纷出海探索新的市场。我的导师吉野家总裁洪明基先生作为全国政协委员也在2019年的两会上提出将中华美食走向世界的提案，建议将中华美食文化列入国家战略，讲好中国故事。

先行的出海者已经在领先半步，这一次的中餐出海有着巨大的时代、国家战略、文化崛起的背景，将不同于过往任何一次中餐出海，可能会改变中国餐饮的全球定位和格局。

商业机会永远存在，关键是你有没有发现这些红利的眼光。

4．传播红利

传播红利又被称为媒体红利。

每个时代都有不同的强势媒体和主流媒体。

上一个时代能够把握住中央电视台和湖南卫视这些强势传播媒体的企业，都做成了全国性的大品牌。

因此，当你看到微博、微信、抖音这些社交网络媒体的时候，有没有想过如何借用这些新媒体的变革，获得品牌传播的红利。

我在2012年时就是看到这一波传播的变革，而勇敢地从传统媒体进入到新媒体。

而我当时发现，在北京最红的所谓互联网餐饮，它们大多数只是吃到了新媒体传播的红利，还远远称不上真正的互联网餐饮。

但是即便如此，也让它们成为当时人人追捧、资本青睐，甚至连海外的主流媒体都纷纷报道的对象。

伏牛堂的创始人张天一，更是受到李克强总理的关注，所创立的"霸蛮伏牛堂米粉"广受好评。

事实上，后来红遍全国的喜茶、奈雪的茶以及市面上任何一个被称为网红品牌的餐饮品牌，无一不是运用新媒体传播手段让天下皆知的。

抖音、快手等短视频 App 的迅猛崛起，更是一夜之间捧红了很多特色小店，甚至重庆这个美食之都都在抖音上一而再、再而三地曝光，被誉为美食网红城市。

我所知道的很多餐饮企业，都开始成立短视频的内容制作团队，给自己的品牌不断地传播，扩大品牌影响力。

传播红利是一把双刃剑，对于任何一个企业而言，正面的品牌传播自然是多多益善，从来没有过度之说。但是企业要防止"传播红利上瘾综合征"，唯传播至上论。

名副其实是品牌生命力的内核，很多创始人由于掌握了社交网络传播的法则，懂得哪些元素在互联网、社交网络上会火，就一味地追求这些，而忘记了产品、服务、体验才是根本，消费者的口碑才是品牌长久之道。

另外，大量的曝光还造成下面两个隐形危害：

1）会有很多慕名而来的异地顾客打卡，这种顾客往往就是猎奇心理，来过一次就再也不来了，所以我们往往会把这种顾客带来的短期虚火认为是长久的火爆，造成盲目扩张。

2）在互联网上突然火爆的品牌，同时消费者又是慕名而来的，消费者的期望值就会非常高，往往导致口碑不佳。大多数突然爆红的品牌，如果没有强大的运营支撑，就会快速崛起，快速倒下。

网红品牌为什么不能变成长红品牌，风险就在于你如何增加顾客黏性，盯住复购率指标。

传播红利，可以给餐饮门店快速带来顾客，快速扩大知名度和影响力，门店在做好产品和服务及运营后，要快速拥抱新媒体，把握传播红利。

5. 资本红利

民营企业和小微企业融资非常困难，但是风险资本的介入，让普通人、普通的创业者，也有了获取风险资本进行创业的机会。

夸张地说在2015年前后资本最疯狂的时候，在北京是个创业者写个像样的PPT就可能拿到钱。但是伴随着2018年的泡沫破灭，拿钱就变得越来越难。

风险资本也是一把双刃剑，对于餐饮这个依靠强大的管控、运营能力的行业来说，早期资本的介入其实加大了创业者的试错成本和试错胆量。

餐饮这个生意是靠精打细算、抠住每一个细节来赚钱的，餐饮老将们无一不是控制成本的高手。而我近距离观察的一些拿到资本的创业者，由于对行业缺乏深刻理解，用互联网公司的不断试错方法，导致试错成本过高。由俭入奢易，由奢入俭难。在门店数量少时不能控制好成本，在扩张时就更容易失控。

对于加盟连锁，很多人觉得是圈钱的，事实上它只是一种融资的方式。

圈钱是加盟连锁业的初级阶段，随着信息透明，更多的直营品牌开始开放加盟，良币驱逐劣币的时代即将到来。

我和中国最大的餐饮加盟拓展机构快道公司合伙人交流过，事实上中国加盟连锁即将迎来一个爆发期。但这个爆发期不再属于过去的忽悠式、圈钱式、割韭菜式加盟，而属于真正有管控能力，有供应链支持，同时又能敏锐把握加盟市场需求的企业。这里面可能存在万亿级别的商业机会，请有心的读者把握。

未来食在创立的初期，也是想从事餐饮投资业务的。只是后来我研究了一下，发现风险资本不适合投入餐饮店早期，餐饮可能更适合长线的资本或者是产业资本。特别像九毛九集团内部裂变式创业和外部寻找项目做赋能型投资的模式，更符合行业特征。

6. 模式红利

今天线下的商业发生了巨大的变化，整个移动互联网时代，商业的逻辑都从经营产品过渡到了经营客群（用户）。餐饮业作为人与人打交道最为密切的行业，一定会发生巨大的商业模式变革。

我们未来食也在观察和探索新的模式，我们甚至认为餐饮业一定要跳出餐饮业的传统思维，把自己当成一家互联网平台、一家以经营本地客群为核心的公司，而不仅仅是一个卖菜品的公司。

海底捞的独立 App，海底捞的生态建立，西贝在探索的在线电商"西贝甄选"，霸蛮的牛肉粉零售化、用户社区化，可以看到越来越多的餐饮新模式的萌芽。

鉴于模式创新的红利才刚刚开始,我们预言未来一定会诞生完全以用户运营为核心的全新模式的餐饮品牌。

7. 质量红利

最后讲质量红利,不是说它不重要,而是说质量红利才是企业长远发展的最重要的红利。也是中国未来 20 年,整个经济发展的最核心的红利。这个红利期会很长,而不是一个短暂的风口。

因为我们国家的转型就是从粗放的追求数量到追求高质量的增长;而高质量的增长,就来源于各行各业提供高质量的产品和服务。

这是国之大事,也是国之大势!

希望每一个创业者能够看懂大势,把握大势!

餐饮龙头企业已经纷纷在产品质量上尤其是食材升级上做出榜样。于国家这是食品安全、食品健康的管理需要;于人民这是满足消费者日益对健康生活、美好生活的需求;于自己这是建立行业壁垒、淘汰不合格竞争对手的需要。

但是,我们也看到在外卖平台上一度出现野快餐、黑快餐的逆时代、低质量的产品,以低价低质的产品在短期内劣币驱逐良币的不正常现象。这些不法的商人也许短期能获得利润,但伴随法治的严格、平台的规范,高品质的产品、有责任感的品牌获得长远发展是大势所趋。

优秀的创始人懂得审时度势,把握红利进行商业创新。从上述七大红利可以看出餐饮业的机会与挑战并行,总体上是机遇大于挑战,关键就看我们能不能跳出固有框架、固有思维,积极创新。